Le droit privé dans la fonction publique territoriale

Collection *Droit des collectivités territoriales*
fondée et dirigée par
Bernard POUJADE et Xavier CABANNES
Professeurs à l'Université Paris Cité
Série des travaux de l'association française
de droit des collectivités locales

Dernières parutions

Sébastien SAUNIER (dir.), *Métropolisation et grands ensembles urbains,* 2023.
Arnaud DURANTHON (dir.), *Peut-on encore définir la collectivité territoriale ?,* 2023.
Benjamin TENDRON, *Les pôles d'équilibre territoriaux et ruraux et la « politique de pays »*, 2022.
Pauline TÜRK (dir.), *Pour un droit constitutionnel des collectivités territoriales. Évolutions et débats*, 2020.
Marie JAN, *L'égalité professionnelle dans la fonction publique territoriale. L'exemple de la Région Nouvelle-Aquitaine*, 2020.
Jean-Christophe CERVANTES, *Le principe d'unité des catégories de collectivités territoriales en question,* 2019.
Carole CHEVILLEY-HIVER, Matthieu HOUSER et Anne MARCEAU (dir.), *Les collectivités territoriales à l'ère du numérique*, 2019.
Thierry DI MANNO et Alexis LE QUINIO (dir.), *Quelle(s) commune(s) pour le XXIe siècle ? Approche de droit comparé*, 2018.
Maylis DOUENCE (dir.), *L'exercice des compétences locales entre rationalisation et créativité*, 2018.
Apolline THIRION, *La nouvelle compétence GEMAPI, Gestion des milieux aquatiques et préventions des inondations, Quels moyens mis à disposition des collectivités territoriales pour structurer et financer cette nouvelle compétence ?*, 2018.
Jean-Marc BROU (dir.), *La dynamique de l'économie mixte dans la région Occitanie*, 2017.

Damien Fournet

Le droit privé dans la fonction publique territoriale

Observations depuis le Centre de gestion de la Gironde

L'Harmattan

5-7, rue de l'École-Polytechnique – 75005 Paris

www.editions-harmattan.fr

ISBN : 978-2-336-41638-0
EAN : 9782336416380

Remerciements

Si le but de l'apprentissage est d'approfondir les connaissances et d'ouvrir l'esprit de l'étudiant au monde professionnel, l'objectif est accompli. Ce succès est naturellement partagé.

En premier lieu, je remercie tout spécialement ma maître de stage, Madame Aline DANIEL. Ses conseils m'ont guidé dans la réalisation de mes missions et de ce mémoire. En me montrant mes erreurs et en me poussant continuellement à m'améliorer, elle m'a donné les moyens de progresser dans mon domaine et de travailler ma posture professionnelle. Je retiendrai surtout ses qualités humaines, entre rigueur et bienveillance, propres à cette juriste au grand cœur.

Cet apprentissage a été l'occasion en deuxième lieu de rencontrer des équipes formidables. Je tiens à saluer d'une part mes collègues du Service Juridique Documentation, Guillaume, Laure et Juliette pour leur gentillesse et leur patience à mon égard. Je les remercie pour l'accueil chaleureux qu'ils m'ont réservé et leur disponibilité au cours de ces 12 mois. Nos échanges passionnants m'ont grandement inspiré à continuer dans cette voie.

Je remercie d'autre part madame Sabine DORRONSORO et son service de m'avoir accueilli et permis les premiers de mettre le pied à l'étrier. La collaboration entre l'expertise statutaire et le service juridique a par la suite toujours été d'une grande richesse.

Un grand merci aussi à l'ensemble des services ayant contribué à ce mémoire et au bon déroulé de mon apprentissage. Les documents fournis et les éclairages de chacun ont été très instructifs.

En dernier lieu, ces années sur les bancs de l'université n'auraient pas eu la même saveur sans la passion de nos enseignants. Mes remerciements vont à ce titre à Messieurs les professeurs Pascal COMBEAU et Sylvain NIQUEGE, responsables du Master 2 Action Territoriale, ainsi qu'à l'équipe pédagogique de l'Université de Bordeaux. Leurs enseignements et conseils professionnels m'ont préparé au mieux à cet apprentissage et à l'entrée dans le monde professionnel. Je n'en oublie pas mes camarades de promotion et membres de l'association du Master 2 Action Territoriale, pour l'ambiance amicale et les expériences captivantes qu'ils ont su créer.

Contexte de l'apprentissage

Mon passage au Centre de gestion de la fonction publique territoriale de la Gironde se décompose en deux temps.

Dans un premier temps, je fus accepté en stage de découverte puis engagé pendant deux mois en tant que contractuel dans le service de l'Expertise Statutaire de Mme Dorronsoro. Ce service a pour mission d'informer les collectivités employeurs sur le droit de la fonction publique par un standard téléphonique et des sessions d'information, de leur fournir des modèles d'actes, et au besoin de les orienter vers les services compétents. J'ai pu pendant cette période d'une part participer à la réflexion des agents sur les questions de droit qui leur étaient soumises, et d'autre part aider à la gestion électronique des documents du service sur l'intranet de l'établissement.

Dans un second temps, j'ai effectué un apprentissage d'un an dans le Service Juridique-Documentation (SJD) de Mme DANIEL. Le SJD a la charge de renseigner les agents du CDG sur les questions de droit plus techniques, d'accompagner les services dans leurs projets en en assurant la sécurité juridique, ou encore de gérer le contentieux de l'établissement pour la partie juridique. Sur le plan de la documentation, le SJD organise et alimente les bases documentaires de l'établissement via la gestion des abonnements, et tient les services informés des changements normatifs et de l'actualité RH en entretenant une veille.

Ma principale mission durant cet apprentissage a été de rédiger les analyses juridiques commandées par les différents services du CDG. Touchant principalement au droit de la fonction publique, les questions juridiques soumises relevaient aussi des domaines de la sécurité sociale, de la protection des données, du droit administratif, et surtout du droit du travail.

La deuxième mission qui m'a été confiée a été la veille juridique en collaboration avec les documentalistes du service. La veille du journal officiel, service proposé au niveau régional pour les collectivités adhérentes, m'a donné un aperçu des grandes tendances en matière de réforme du droit de la fonction publique.

Ma troisième mission fut la participation aux actions de formation interne proposées par le SJD. Sous la forme d'un webinaire, la réforme du Code général de la fonction publique a été présentée à l'ensemble du personnel. Une formation en présentiel à la recherche et à la lecture des textes juridiques est entamée pour l'un des services.

C'est dans ce contexte que se situe cette étude, dans un cadre à la fois professionnel et académique. Les développements qui suivent témoigneront, je l'espère, de ce que les approches des théoriciens et des praticiens du droit sont distinctes et complémentaires.

Sigles et abréviations

CDG : Centre Départemental de Gestion de la Fonction Publique Territoriale

CNFPT : Centre National de la Fonction Publique Territoriale

CSFPT : Conseil Supérieur de la Fonction Publique Territoriale

CAP : Commission Administrative Paritaire

CCP : Commission Consultative Paritaire

CT : Comité Technique

CHSCT : Comité d'Hygiène, de Sécurité et des Conditions de Travail

CST : Comité Social Territorial

CGCT : Code Général des Collectivités Territoriales

CASF : Code de l'Action Sociale et des Familles

CGFP : Code Général de la Fonction Publique

TA : Tribunal Administratif

CAA : Cour Administrative d'Appel

CE : Conseil d'État

CJCE/CJUE : Cour de Justice des Communautés Européennes / Cour de Justice de l'Union Européenne

DGAFP : Direction Générale de l'Administration et de la Fonction Publique

DGCL : Direction Générale des Collectivités Locales

AJCT : Actualité Juridique des Collectivités Territoriales

AJDA : Actualité Juridique de Droit Administratif

RFAP : Revue Française d'Administration Publique

RFDA : Revue Française de Droit Administratif

Sommaire

Introduction

« *Le fonctionnaire est, vis-à-vis de l'administration, dans une situation statuaire et réglementaire* »[1].

Cette disposition de l'article 4 de la loi du 13 juillet 1983 a longtemps illustré le particularisme de la relation entre un fonctionnaire et l'administration, et trône aujourd'hui au premier article du tout nouveau Code général de la fonction publique[2] (CGFP). Actant le rejet de la théorie du fonctionnaire contractuel dans la droite ligne de la jurisprudence administrative Demoiselle Minaire[3], cet article réaffirme la soumission de certains serviteurs de l'administration à un statut, c'est-à-dire à un « *ensemble cohérent des règles applicables à une catégorie de personnes ou d'agents ou à une institution et qui en déterminent, pour l'essentiel, la condition et le régime juridique* »[4].

La reprise de cette affirmation a ceci de notable qu'elle intervient dans un contexte de tension autour du statut général des fonctionnaires. Trop rigide, trop archaïque, inadapté aux réalités de l'emploi et coûteux pour l'administration, le statut est un sujet récurrent, et ces critiques une préoccupation majeure des ressources humaines publiques. Si l'existence du statut a été sauvegardée jusqu'ici, son contenu n'a pas été sans

---

[1] Article 4 de la loi n° 83-634 du 13 juillet 1983 portant droits et obligations des fonctionnaires.

[2] Article L. 1 du CGFP.

[3] CE, 22 octobre 1937, *Demoiselle Minaire et autres*. Leb., 1937, p. 843, concl. Lagrange. D., 1938, p. 349, concl. Lagrange, note Eisenmann. RDP, 1938, p. 121, note Jèze.

[4] G. CORNU (sous dir. de), *Vocabulaire juridique*, Association Henri Capitant, Paris, PUF, 1987, 12e édition, p. 990.

connaître de nombreuses évolutions. La plus importante, permanente et débattue des évolutions de la fonction publique est aujourd'hui comme hier le rapprochement du droit de la fonction publique du droit commun du travail. Le débat public actuel autour de cet outil clivant n'est pourtant qu'un écho des échanges houleux ayant précédé sa création.

Si un débat a pu avoir lieu sur la création même du statut des fonctionnaires, c'est que la fonction publique a préexisté à son statut. Les origines du fonctionnariat sont troubles tant il est compliqué de trouver dans notre passé lointain une représentation parfaite du fonctionnaire du XXIème siècle. Il est souvent avancé que l'Ancien Régime serait le berceau des premiers fonctionnaires. Une ordonnance de Charles VIII de juillet 1493 formalise la distinction entre officiers, propriétaires d'un office dont ils ont la libre disposition, et commissaires, agents nommés par le roi dont la carrière et les pouvoirs sont déterminés par lui. Par la suite, la patrimonialité des offices disparaît à la Révolution face à l'abolition des privilèges. Dès son préambule, la Constitution du 3 septembre 1791 proclame la fin de la vénalité et de l'hérédité des offices publics, et y substitue un mode de désignation électif[5].

Si les Républiques suivantes voient apparaître ça[6] et là[7] des tentatives de forger un cadre du droit de la fonction publique, aucune n'aboutit *in fine* à l'adoption d'un statut général. L'idée d'un statut général n'est par ailleurs pas du

---

[5] Article 2 de la Constitution du 3 septembre 1791 : « *Les administrateurs n'ont aucun caractère de représentation. -Ils sont des agents élus à temps par le peuple, pour exercer, sous la surveillance et l'autorité du roi, les fonctions administratives.* ».

[6] Proposition de loi relative à l'administration et à l'avancement dans les services publics déposée le 30 mars 1844.

[7] Projet de loi sur les Conseils d'administration et sur l'état des employés dans les administrations centrales déposé le 22 juillet 1873.

goût des premiers concernés. Les syndicats de fonctionnaires, ou plutôt les associations, plaidaient dans l'entre-deux guerres contre l'adoption d'un statut, et pour une soumission au droit commun du travail. Porté par les courants communistes, socialistes dirait-on à l'époque, le droit du travail fut d'abord vu par les fonctionnaires comme un moyen de se protéger de l'employeur, à l'instar du salarié sanctuarisant ses droits dans son contrat de travail face à son employeur. Le contrat de travail et l'application du droit du travail étaient perçus comme une garantie en soi, et un moyen de se prémunir d'un acte dont l'unilatéralité laisse les agents de l'État en situation de dépendance[8]. Les protections professionnelles[9] naissantes d'un droit encore jeune et issu de la lutte sociale suscitaient alors plus l'intérêt des syndicats qu'un texte aux origines étatiques et au contenu incertain.

Fut donc un temps durant lequel les fonctionnaires ne considéraient pas la fonction publique comme consubstantielle à un statut général formel. L'époque où le contrat de travail était plus prisé par les syndicats de fonctionnaires que le statut prit néanmoins fin à l'avènement du statut au début des années 40. Un avènement sans honneurs ni célébration cependant, le régime de Vichy s'arrogeant la paternité d'un statut des fonctionnaires de l'État le 14 septembre 1941, qui excluait les juifs et d'autres minorités[10]. Malgré cette tache indélébile dans l'histoire du statut des fonctionnaires, c'est

---

[8] J-L Bodiguel, « Fonction publique et intérêt général », *Servir l'intérêt général*, PUF, 2000, p. 45.

[9] J. Siwek-Puydesseau, « Les syndicats et le statut des fonctionnaires », *Serviteurs de l'État*, La Découverte, coll. « Espace de l'histoire », 2000, p. 211.

[10] Article 25 de la loi n° 0271 du 14 septembre 1941 portant statut général des fonctionnaires civils de l'État et des établissements publics de l'État.

bien l'acte unilatéral et général qui fut choisi à la Libération. Entre le résistancialisme prôné par le nouveau gouvernement, le refus de reconnaître une continuité de l'État français avec le régime de Vichy, et le contexte politique de l'époque, l'outil du statut est restauré et réhabilité. Ainsi lavé, le statut est pris en main par le ministre de la Fonction publique Maurice Thorez, ancien secrétaire général du parti communiste, aidé de la CGT. Le statut est alors rédigé des mains de ses anciens critiques et est promulgué, après un compromis avec les gaullistes, le 19 octobre 1946[11].

Le choix est fait à cette époque de privilégier le statut, et l'application d'un droit exorbitant du droit commun, au Code du travail. Ce principe n'est pas fondamentalement remis en cause par les réformes suivantes. L'ordonnance du 4 février 1959[12] porte une réforme formelle plus que matérielle. L'avènement de la Ve République par la réforme constitutionnelle du 4 octobre 1958 change l'équilibre des pouvoirs législatifs et réglementaires, ne laissant au premier que la fixation des garanties fondamentales accordées aux fonctionnaires civils et militaires de l'État. Le pouvoir réglementaire hérite de la compétence de principe. La loi du 19 octobre 1946 empiétant sur le domaine du pouvoir réglementaire, un travail de coupe est engagé par l'ordonnance du 4 février, qui ne reprend qu'une partie des dispositions légales, laissant au pouvoir réglementaire le soin de reprendre la main.

Le deuxième grand train de réformes est plus substantiel. Par quatre lois, le statut général des

[11] Loi n° 46-2294 du 19 octobre 1946 relative au statut général des fonctionnaires.
[12] Ordonnance n° 59-244 du 4 février 1959 relative au statut général des fonctionnaires.

fonctionnaires est réaffirmé, mis à jour et étendu aux agents des collectivités territoriales et des établissements hospitaliers. Pour maintenir la cohérence de la fonction publique tout en reconnaissant la particularité de ses trois versants, une loi générale constituant un texte commun[13] est promulguée le 13 juillet 1983, et trois lois précisent successivement les particularités de la fonction publique d'État[14] (FPE), de la fonction publique territoriale[15] (FPT) et de la fonction publique hospitalière[16] (FPH). En liant les personnels de l'État, des collectivités territoriales et des établissements hospitaliers dans un même statut, les lois statutaires étendent grandement le champ de la fonction publique *stricto sensu.* En effet, le personnel des collectivités territoriales et des hôpitaux ne disposait pas encore du statut de fonctionnaire.

Concernant la FPT, les agents des collectivités territoriales de l'époque – commune et département – étaient soumis à des statuts divers qui ne relevaient ni du fonctionnariat, ni du droit commun du travail. Une loi du 28 avril 1951, bien que calquée sur la loi de 1946 applicable aux seuls agents de l'État, posait un statut général des agents communaux distinct de celui des fonctionnaires. Au niveau des départements, aucune loi ne posait aussi clairement un quelconque statut de ces agents. Et parmi les agents du département, il fallait encore distinguer le personnel propre du département du personnel de l'État, le préfet étant alors l'exécutif du département. Les agents

[13] Loi n° 83-634 du 13 juillet 1983 portant droits et obligations des fonctionnaires.

[14] Loi n° 84-16 du 11 janvier 1984 portant dispositions statutaires relatives à la fonction publique de l'État.

[15] Loi n° 84-53 du 26 janvier 1984 portant dispositions statutaires relatives à la fonction publique territoriale.

[16] Loi n° 86-33 du 9 janvier 1986 portant dispositions statutaires relatives à la fonction publique hospitalière.

entourant le préfet étaient des fonctionnaires d'État, et le personnel propre au département voyait son statut déterminé par le conseil général de chaque département. En pratique, les départements suivaient un statut-type issu d'une circulaire[17], reprenant peu ou prou la forme et le contenu du statut des agents communaux. Les régions n'étaient quant à elle que des établissements publics territoriaux depuis 1972[18], et n'ont obtenu la qualité de collectivité territoriale qu'à partir de la décentralisation formalisée par les lois Defferre du 2 mars 1982 et 7 janvier 1983. Le personnel des régions était entre 1972 et 1982 principalement du personnel de l'État et, dans un nombre de cas restreints, du personnel propre recruté sans cadre précis. La période de transition entre les lois Defferre et le statut était organisée par l'article 75 de la loi du 2 mars 1982, entre maintien des cadres particuliers pour les personnels déjà recrutés et renvoi au statut du personnel départemental pour les nouveaux venus.

L'environnement territorial a démontré à cette période la possibilité de gérer ses agents sans recours au fonctionnariat ni au droit commun. L'éternel débat consistant à opposer statut général des fonctionnaires et Code du travail de manière quelque peu manichéenne trouve ici une nuance souvent éludée. Le fonctionnariat et le salariat n'ont pas le monopole du travail. Ces deux modalités dénotent cependant avec la situation des agents territoriaux de l'époque sur le plan de la lisibilité du droit applicable. La pléthore de régimes déjà mentionnés générait des différences de situation importantes, même en prenant en compte les renvois et mimétismes entre les régimes

---

[17] Circulaire n° 411 du 1er août 1964, cité par P-E. Verrier, « Naissance du statut général de la fonction publique territoriale », *Politiques et management public*, 1986, pp. 63-117 p.70.

[18] Article 1 de la loi n° 72-619 du 5 juillet 1972 portant création et organisation des régions.

communaux et départementaux. La FPH présentait déjà un régime plus uniforme[19]. Tous ces régimes avaient pour point commun de se reporter plus ou moins directement sur le régime applicable à l'État. L'adoption d'un statut général était à ce titre justifiée.

Si ces éléments ont amené une envie d'uniformité et le choix d'un statut général, donc d'un droit exorbitant du droit commun mais général aux trois versants de la fonction publique, d'autres évolutions ont remis sur la table la question de la soumission des agents publics au droit du travail. Ces mutations du droit de la fonction publique sont de natures multiples et ont irrigué les réformes récentes. Sur le plan des idées, de nouveaux courants de pensée d'inspiration néolibérale se développent et concluent à l'inadaptation du statut aux réalités économiques. La rigidité de la gestion publique est pointée du doigt au travers du concept de *New Public Management*. La gestion budgétaire de l'État manque de souplesse et d'approche prévisionnelle. Face à un marché et à une société en perpétuel changement, le statut des fonctionnaires souffre de son contenu vieillissant et ses modifications laborieuses. L'entreprise, en ce que sa survie dépend de son efficacité, serait un modèle à suivre.

Dès lors se développent différentes politiques publiques de modernisation de l'État tendant à transposer les caractéristiques de l'entreprise sur les personnes publiques. Dans cette vision, le recours au droit privé ne s'oppose pas au cœur du service public, mais en sauvegarde même les principes fondamentaux que sont l'égalité, la mutabilité et la continuité face à un effondrement annoncé. Couplé à un contexte de crise économique au début des années 2000, ce raisonnement trouve de multiples

[19] Décret n° 55-683 du 20 mai 1955 portant statut général du personnel des établissements d'hospitalisation, de soin ou de cure publics.

traductions dans la fonction publique, visant à en réduire le coût, en augmenter l'efficience et quelques fois à en augmenter la qualité du service rendu.

La principale est la transposition des mécanismes de droit privé en droit public, que ce soit par l'application directe du droit privé ou par la simple inspiration tirée du Code du travail. Cependant, il serait faux d'attribuer cette tendance au seul essor du New Public Management. La pénétration du droit privé dans le droit de la fonction publique est plus ancienne, et réciproque. L'emprunt de techniques de droit administratif par le droit du travail[20] est certes moins fréquent que la réciproque, mais n'en est pas moins significatif d'une interpénétration des deux domaines du droit. La matière disciplinaire en droit du travail en constitue un exemple[21]. Dans l'histoire du rapprochement du droit de la fonction publique avec le droit du travail, c'est principalement sous l'angle des principes généraux du droit que le phénomène s'illustre. Ces principes ont été dégagés par le juge administratif afin de combler les vides de la législation publique du travail. Ils prennent notamment la forme d'un principe sous-jacent à une disposition de droit privé qui, transcendant la disposition privatiste, est applicable en droit public aux conditions posées par le juge administratif. C'est ainsi qu'a été reconnue l'interdiction de licencier une femme enceinte[22] ou l'interdiction de rémunérer un contractuel de droit public en dessous du SMIC[23]. Nuance de taille à cette interpénétration, la plupart des cas d'espèces concernaient des agents contractuels et

---

[20] J-L. Crozafon, thèse, *L'emprunt de techniques de droit administratif par le droit du travai*l, sous la direction de G.Lyon-Caen, 1984, Université de Paris 1 Panthéon-Sorbonne.

[21] J-L. Crozafon, *Le contrôle juridictionnel de la sanction disciplinaire dans l'entreprise et dans l'administration*, Dr. soc. 1985, pp. 201-206.

[22] CE, ass., 8 juin 1973, *Dame Peynet*, n° 80232.

[23] CE, sect., 23 avril 1982, *Ville de Toulouse c/ Aragnou*, n° 36851.

non le cœur de la fonction publique que sont les fonctionnaires[24].

Ce métissage des droits n'est pas issu d'une cause unique. Le recours au droit du travail s'est aussi fait dans un but moins lié à une nouvelle idéologie de politique économique qu'à une prise de conscience commune aux secteurs publics et privés du travail. La protection de la santé et de la sécurité, dans son volet de protection de la santé mentale et de prévention des risques psychosociaux, a irrigué les différentes réformes du droit du travail et du droit de la fonction publique. La thématique de l'égalité entre les sexes concerne aujourd'hui tant le secteur privé que public. L'essor de ces thématiques s'est matérialisé par l'adoption de réformes dans chaque secteur, dans une temporalité si proche qu'il paraît inapproprié d'attribuer à l'un ou l'autre la paternité de ces évolutions. Le but profond de ces changements pourrait alors être attribué à une volonté de protéger plus efficacement l'agent public. Autre facteur d'évolution et de convergence entre les deux droits, le droit européen et sa conception unique du travailleur ont porté de nombreux changements en ce sens tant en droit public qu'en droit privé[25].

Issue de facteurs multiples, la convergence du droit privé du travail et du droit de la fonction publique n'est plus à prouver. L'observation de la pratique de la gestion des ressources humaines publiques révèle quotidiennement ce phénomène. Cette interpénétration semble d'autant plus

---

[24] F. Melleray, *Droit de la fonction publique*, Economica, 2005, pp. 39-40.

[25] J.-M. Lemoyne de Forges, rapport au ministre de la Fonction publique, *L'adaptation de la fonction publique française au droit communautaire*, 2003, coll. Thèmes et Commentaires, Dalloz ; « Quelle influence communautaire sur l'avenir du modèle français de fonction publique », RFAP n° 132, 2010, pp. 701-710.

prégnante dans la fonction publique territoriale, dont la typologie des emplois se rapproche particulièrement des emplois du secteur privé. Au plus proche de la gestion des ressources humaines locales, les centres de gestion de la fonction publique territoriale offrent des points de vue privilégiés sur ce rapprochement. Les centres de gestion sont des établissements publics administratifs locaux dont le rôle est d'aider les collectivités territoriales dans la gestion de leur personnel. Les instances représentatives et les instances médicales de la fonction publique territoriale y ont leur secrétariat, et les services des centres assistent les collectivités dans l'application de la réglementation publique du travail, les processus de recrutement ou de mobilité. Mon expérience au Centre de gestion de la fonction publique territoriale de Gironde a été particulièrement instructive, notamment au regard des analyses juridiques que le service juridique a dû traiter. Les interrogations des collectivités formulées au Centre de gestion en matière de ressources humaines portent aujourd'hui pour une partie significative d'entre elles sur un dispositif issu ou inspiré du droit privé.

Sur les quelque 90 analyses juridiques écrites commandées au service, une vingtaine a porté sur une disposition issue du droit privé ou sur une disposition de droit public inspirée du droit privé. Outre sur le plan quantitatif, c'est aussi sur le plan qualitatif que ces questions s'illustrent, certains grands projets du CDG 33 sur lesquels le SJD est intervenu reposant sur un dispositif d'inspiration privatiste. Quant aux raisons profondes de cette proportion au recours au service juridique-documentation sur des questions de droit privé, elles peuvent être multiples.

D'une part, les analyses demandées ont mis en lumière pour certaines une difficulté à s'inspirer de mécanismes de droit privé. Difficilement applicables en l'état, certaines dispositions nécessitent quelques contorsions juridiques pour s'introduire en droit public. D'autre part, les chiffres évoqués et les difficultés relevées précédemment sont à nuancer. Le service juridique-documentation a vocation à répondre à des services déjà compétents dans leur domaine, recevant parfois eux-mêmes ces problématiques des services RH des collectivités affiliées. Un filtrage naturel des questions de droit se met en place, si bien que le nombre important de problèmes juridiques observés au niveau du service juridique-documentation, et rapportés dans ce mémoire, ne reflète pas exactement la réalité quotidienne de la pratique du droit de la fonction publique territoriale.

Ceci dit, au regard des enjeux du rapprochement du droit du travail et de la fonction publique pour les agents et les employeurs, ce sont ces cas problématiques qui méritent l'attention. L'implication principale du recours au droit privé plutôt qu'au droit public repose sur l'idée selon laquelle le droit privé est une solution pertinente aux failles du droit public. L'objet de cette étude est de s'interroger sur cette utilisation du droit privé ou de mécanismes qui s'en inspirent dans la gestion des ressources humaines publiques, d'en définir les contours et de s'interroger sur l'utilité du droit privé dans la gestion des effectifs publics territoriaux. Cela revient, *in fine*, à se demander s'il est opportun de mobiliser le droit privé dans la fonction publique territoriale.

La réponse à cette question comporte de multiples facettes. Loin de constituer « une réforme pour la réforme », le recours au droit privé dans la fonction publique poursuit divers objectifs. D'une part, sous un angle social, la mobilisation du droit privé est présentée comme une avancée pour les droits des agents publics dont le régime pâtit de rigidité et de confusion. D'autre part, sous un angle institutionnel, le droit privé serait une garantie de préserver le service public et ses principes fondamentaux. Le premier participant au second, c'est sous l'angle institutionnel que l'opportunité du droit privé s'apprécie le mieux. Et à ce titre, la mobilisation du droit privé dans la fonction publique comporte des avantages certains pour les services publics, selon l'utilisation qui en est faite.

Plus précisément, le rôle du droit privé dans la fonction publique est plus celui d'une force d'appoint au droit public, un complément utile plus qu'un remplaçant. L'apport premier du droit privé est essentiellement le plurilatéralisme caractéristique des outils de droit privé (Partie 1). Il s'agit notamment du contrat, dont l'opposition au statut a quelque chose de manichéen. Récemment, c'est aussi au travers du dialogue social que l'interpénétration des droits privé et public s'est fait ressentir. Sur le fond du droit, un second apport se manifeste au niveau de l'évolution des conditions de travail (Partie 2). Suivant les mêmes mouvements que le secteur privé, le secteur public a, lui aussi, pris en compte les impératifs de qualité de vie au travail. Toujours sujet à débat, la valorisation du travail tend quant à elle à se concrétiser via des techniques empruntées au monde privé.

Partie 1
Le plurilatéralisme, une conception de droit privé utile à la fonction publique territoriale

Le monde administratif français est caractérisé traditionnellement par l'aspect unilatéral de ses décisions. Les normes réglementaires et les actes individuels sont édictés par un seul. Or, la fonction publique fait aujourd'hui la part belle aux solutions négociées et issues d'un dialogue entre les parties. Ce dialogue repose sur divers outils comme les actes juridiques plurilatéraux, dont la place en droit public a fait l'objet d'une attention récente[26]. Le principal est le contrat, dont la complémentarité au statut a été maintes fois réaffirmée (Chapitre 1). Le second, plus récent dans une certaine mesure, est le dialogue social (Chapitre 2).

---

[26] M. Bartolucci, thèse, *L'acte plurilatéral en droit public*, sous la direction de P. Combeau, 2020 Université de Bordeaux.

Chapitre 1er
Le contrat, un appoint exceptionnel au statut

Le premier signe de plurilatéralisme, le choix de recourir à des actes façonnés par plusieurs personnes juridiques, se matérialise dans la détermination des relations individuelles de travail par le biais du contrat. La place du contrat face au statut des fonctionnaires a pris en importance sans pour autant renverser les principes de recrutement dans la fonction publique. Le contrat se trouve être un complément adéquat au statut (Section 1), mais comporte néanmoins un ensemble d'inconvénients propres (Section 2). D'une utilité exceptionnelle, son utilisation doit elle aussi rester exceptionnelle.

Section 1
Un complément adéquat au statut

Le contrat a pour principal atout de ne pas être affligé des mêmes maux que le statut. Notamment, le contrat est dit plus « souple » que le statut (Paragraphe 1). La liberté laissée aux parties à un contrat est effectivement plus grande que celle laissée à l'administration et l'agent lorsque la personne publique nomme un fonctionnaire, sans être pour autant absolue. Le contrat présente de même l'avantage pour le gestionnaire public de connaître une multitude de formules, dont la diversité a été enrichie au fil des réformes (Paragraphe 2).

Paragraphe 1 : Un recours au contrat justifié par sa souplesse

Le principal argument pour l'introduction du contrat de travail dans la fonction publique censé susciter l'adhésion des employeurs et des agents est la souplesse caractéristique de cet instrument. Pourtant, notamment en ce qui concerne le contrat de travail, la souplesse tant vantée du contrat (A) reste relative (B).

A) La souplesse avancée du contrat

Le contrat n'est pas étranger à l'administration[27], y compris dans la relation de travail avec les employeurs publics. Le statut a été jugé plus adapté au siècle dernier, mais la tendance s'est inversée ces dernières années. Le recours au contrat repose sur l'idée que cet outil serait plus

[27] A. de Laubadère, « Administration et contrat », in Mélanges offerts à Jean Brethe de la Gressaye, Bière, 1967, p. 453.

souple. Il existe en effet une liberté certaine reconnue aux parties, notamment en matière de rémunération, là où un recrutement d'agent titulaire ne laisse que peu de marge. Cette souplesse représenterait pour l'employeur une facilité de recrutement, et pour l'agent un moyen d'éviter la rigidité de la carrière publique. Pour apprécier la véracité de cette affirmation, encore faut-il s'accorder sur la notion de souplesse d'un instrument juridique, et en apprécier les conséquences attendues sur le contrat de travail dans la fonction publique.

En écartant le sens de souplesse physique, il se dégage de la plupart des dictionnaires la définition suivante de la souplesse[28] : Facilité, habileté à se plier aux circonstances, à s'adapter. L'idée d'adaptation est intéressante. Elle n'est pas sans rappeler l'un des principes cardinaux du service public, la mutabilité. La mutabilité est l'obligation faite au service public de s'adapter aux évolutions de la société, et de modifier en conséquence son champ, ses missions ou ses moyens. Un outil juridique souple, apte à changer au gré des évolutions sociétales, serait alors le bienvenu dans la sphère publique. Appliquée à un instrument juridique, la souplesse peut cependant avoir diverses implications.

D'une part, la souplesse peut concerner la règle de droit elle-même. Le Doyen Carbonnier imaginait ainsi un droit flexible[29], reposant sur des concepts suffisamment larges, intemporels et universels pour être interprétés par tous et de tout temps. Le juge n'aurait qu'à mobiliser – et se cantonner à – la marge de manœuvre inhérente à la règle flexible. Une utopie rattrapée par des textes de plus en plus nombreux et complexes, mais qui n'en finit pas d'irriguer la pensée juridique. Aujourd'hui, la souplesse peut

[28] Dictionnaire Larousse, Paris : Larousse.
[29] J. Carbonnier, *Flexible Droit*, 10e éd, 2001, LGDJ.

concerner d'autre part la mise en œuvre de la règle de droit[30]. Matériellement, cette souplesse se manifeste dans la marge de manœuvre laissée aux sujets de droit dans le choix des moyens employés pour satisfaire la règle. Et la matière administrative regorge de ces contrôles de proportionnalité du juge administratif sur les décisions prises par l'administration afin d'accomplir ses missions. La souplesse du droit se trouve donc être, dans l'une ou l'autre de ces dimensions, plus ou moins prononcée.

Appliqué au contrat de travail, celui-ci devrait alors être à même d'aider les services publics à s'adapter, par la rédaction souple des règles l'entourant ou sa mise en œuvre astucieuse, aux circonstances du moment. Afin de déterminer si l'emploi de cet outil typique du monde du travail privé est opportun, il faut alors prendre conscience des circonstances entourant la fonction publique. Pour cela, les études réalisées par les observatoires de l'emploi territorial sont éclairantes. Ces observatoires, qu'ils soient départementaux ou régionaux, sont rattachés aux services d'un ou plusieurs CDG. Les rapports publiés dressent un portrait de l'emploi territorial, dont la répartition des emplois selon les filières, les catégories, le sexe des agents, ou encore le statut de titulaire ou de contractuel. Les retours des collectivités employeurs sont par la même occasion rapportés. De grandes difficultés de recrutement sont observées, 38 % des collectivités de Nouvelle-Aquitaine éprouvant des difficultés de recrutement. 32 % des employeurs rapportent à ce titre une absence de candidats statutaires au poste proposé. Mis en lien avec la pénurie observée sur certains concours comme celui de médecin de 2e classe ou de psychologue, il semble que le contrat ait une place à se faire.

---

[30] H. Fulchiron, « Flexibilité de la règle, souplesse du droit », Rec. Dalloz 2016 p. 1376.

Combler ce vide de fonctionnaires par le contrat est en tout cas l'un des buts affichés des réformes récentes du droit de la fonction publique. La loi de transformation de la fonction publique (loi TFP) du 6 août 2019 n° 2019-828 l'illustre dans son titrage. Son titre II est ainsi rédigé « transformer et simplifier la gestion des ressources humaines », et laisse place à un chapitre Ier « donner de nouvelles marges de manœuvre aux encadrants dans le recrutement de leurs collaborateurs ». Dans ce chapitre, une section titre « élargir le recours au contrat ». Le lien entre le contrat et la reconnaissance de marges de manœuvres aux encadrants, nécessaire à la simplification de la gestion des ressources humaines, est ainsi mis en lumière, à la manière d'un exposé des motifs[31] intégré dans le corps de la loi. La souplesse du contrat, sa capacité à répondre à la circonstance actuelle de difficulté de recrutement de fonctionnaires, est ainsi prétendue.

B) La souplesse relative du contrat

Cette prétention doit être mise à l'épreuve. En premier lieu, il est souhaitable de partir de l'instrument lui-même, avant d'en arriver à sa pratique. Le contrat est tout d'abord, selon l'article 1101 du Code civil, un accord de volontés entre deux ou plusieurs personnes destiné à créer, modifier, transmettre ou éteindre des obligations. Il se distingue de l'acte administratif unilatéral entre autres par son caractère plurilatéral, par la rencontre de volontés et non l'imposition d'une volonté sur une autre. Dans le cas du contrat de travail, le Code du travail et les textes relatifs aux contractuels de droit public n'en donnent aucune définition. La jurisprudence de la Cour de cassation retient

[31] E. Aubin, « Le contrat, avenir de la fonction publique ? », AJDA 2019 p. 2349.

cependant depuis longtemps sa propre définition du contrat de travail. La rencontre des volontés s'effectue entre un employeur et un employé, ce dernier s'engageant à travailler sous la direction du premier contre rémunération[32]. Cette définition rejoint en grande partie la conception européenne de la relation de travail, c'est-à-dire la « *circonstance qu'une personne accomplit, pendant un certain temps, en faveur d'une autre et sous la direction de celle-ci, des prestations en contrepartie desquelles elle touche une rémunération* »[33].

Le contrat de travail est donc un accord de volontés portant sur la relation de travail. Contrairement au fonctionnariat, qui ne permet le recrutement de fonctionnaires que par un acte unilatéral de l'administration, le salariat repose sur un accord trouvé sur les termes de la relation de travail. Face à une relation de travail décidée unilatéralement, et reposant sur des textes réglementaires et légaux de portée générale, le contrat de travail apparaît plus prompt à modification. Les textes sur lesquels se fondent les arrêtés de nominations ne peuvent être modifiés aisément, et prévoient la quasi-intégralité de la relation de travail d'une manière impersonnelle. Les lois, décrets, et arrêtés nationaux sont d'autant plus hors de portée des collectivités territoriales qu'elles n'en sont pas les auteurs. Néanmoins, certaines marges de manœuvre sont reconnues aux collectivités dans la gestion de leur personnel. La définition des régimes indemnitaires est réalisée par les assemblées délibérantes, dans les limites du principe de parité prévu aujourd'hui à l'article L. 714-4 du CGFP, fixant comme limite les régimes indemnitaires dont bénéficient les services de l'État. Les procédures de recrutement, comme le concours, sont déterminées par

---

[32] Cour de cassation, ch. Soc., 22 juillet 1954, Bull. 1954, V, n° 576.
[33] CJCE, 3 juillet 1986, Aff. 66/85, *Lawrie-Blum*.

décret et arrêtés, mais mettent souvent en scène un jury composé d'acteurs locaux comme pour celui d'attaché territorial[34].

De plus, comme tout contrat, le contenu et la forme du contrat de travail ne sont pas entièrement libres non plus. Le contrat de travail est particulièrement réglementé de par son objet : reconnaître les prérogatives patronales et garantir les droits des travailleurs. Disposant de son propre code en droit privé et pas des moindres, la relation de travail est encadrée y compris dans le secteur public. L'adoption successive de textes concernant les contractuels de droit public parachève l'encadrement textuel du contrat de travail dans la fonction publique. À cela, il faut encore ajouter la jurisprudence, et notamment les principes généraux du droit déjà évoqués. L'accord de volonté des parties en vue de déterminer la relation de travail se retrouve dès cet instant enserré dans un appareil normatif contraignant. La souplesse du contrat de travail est dès lors quelque peu amoindrie.

Cependant, et en second lieu, si la souplesse du contrat de travail n'est pas absolue, elle n'en est pas pour autant inexistante. Plus précisément, les possibilités de négociation laissées aux parties sont par comparaison bien plus larges que celles laissées à l'agent et à l'administration dans le cadre statutaire. L'exemple de la rémunération est criant. Alors que la rémunération de base des fonctionnaires est constituée du traitement indiciaire calculé à partir d'un indice, dont le point est fixé pour l'ensemble de la fonction publique, celle des contractuels est libre. Le SMIC en constitue un plancher sous l'influence du juge administratif

[34] Article 13 du décret n° 2009-756 du 22 juin 2009 fixant les modalités d'organisation des concours pour le recrutement des attachés territoriaux.

pour les contractuels publics[35], et par simple application du Code du travail pour les contractuels de droit privé. Pour autant, la pratique de la rémunération par les employeurs publics ne se matérialise pas forcément par une liberté débridée dans la détermination des rémunérations. Le Centre de gestion de la Gironde est ainsi fréquemment saisi pour confirmer qu'il est possible de rémunérer un agent contractuel au regard d'une grille indiciaire de référence. En l'absence de dispositions contraires, le juge administratif valide cette possibilité. Ce processus est d'autant plus justifié que la rémunération des agents contractuels ne doit pas diverger de manière disproportionnée de la rémunération qu'aurait pu percevoir un fonctionnaire sur le même poste. La rémunération d'un agent titulaire occupant normalement l'emploi considéré doit en effet être prise en compte principalement, d'autres éléments comme l'expérience ou les diplômes pouvant être retenus à titre accessoire[36].

C'est avec ces nuances que se présente la souplesse du contrat de travail. Cet outil caractéristique du droit privé du travail, encore dérogatoire en droit public, a des avantages inhérents à n'en pas douter. L'encadrement légal et sa pratique limitent toutefois sa flexibilité. Entre le poids de la législation du travail et le caractère exceptionnel du contrat dans la fonction publique, les agents contractuels se trouvent dans une position quasi-statutaire[37], voire légale et réglementaire commentait Yves Gaudemet dès 1977[38]. Malgré tout, les apports du contrat sont là, et ont eu

---

[35] CE, *Ville de Toulouse c/ Aragnou*, prec.

[36] CE, 29 avril 2014, n° 355671.

[37] F. Melleray, « Nouvelle illustration de la situation « quasi réglementaire » des agents publics contractuels », Dr. adm. 2009, n° 41.

[38] Y. Gaudemet, « Existe-t-il une « catégorie » d'agents publics contractuels de l'administration ? », AJDA 1977 p. 614.

tendance à se développer à mesure que l'éventail de contrats se diversifiait.

Paragraphe 2 : Un éventail de contrats diversifié

Le contrat de travail stricto sensu, issu du régime général du droit du travail, n'est pas la seule forme de contrat susceptible d'encadrer une relation de travail. Une conception plus large peut être retenue, révélant toute une mosaïque de formules contractuelles (A). Si certains de ces contrats sont des compléments au statut, d'autres ont vocation à servir des politiques publiques définies (B).

A) Une multiplication des types de contrats

Le contrat complète d'autant plus aisément le statut que la gamme de contrats à la disposition des employeurs publics se diversifie. Dans un premier temps, l'accroissement des possibilités de recours au contrat dans la fonction publique s'est fait par un assouplissement des règles de recrutement des contractuels. Dès les lois statutaires de 1983 et 1984 a été reconnue la possibilité de recourir aux agents contractuels, mais dans des cas limitativement énumérés. L'article 3 de la loi du 13 juillet 1983, repris à l'article L. 311-1 du CGFP, pose depuis bientôt 40 ans le monopole de principe des fonctionnaires sur les emplois permanents.

La liste des exceptions au principe n'a cessé de s'élargir. Tant la liste des emplois ouverts au recrutement de contractuels que celle des cas de recours au contrat ont été élargies. Ainsi l'article 6 de la loi Galland du 13 juillet

1987[39] ouvrait-il le recours au contractuel pour certains emplois permanents, à temps non complet, des collectivités de moins de 2000 habitants ou dans les groupements de communes dont la moyenne arithmétique des nombres d'habitants ne dépasse pas ce seuil. Ce seuil chute à 1000 par la loi du 3 janvier 2001[40], puis disparaît avec la loi de transformation de la fonction publique du 6 août 2019. Cette dernière reconnaît par ailleurs aux communes de moins de 1000 habitants, et leurs groupements de moins de 15 000 habitants, la possibilité de recruter un agent contractuel pour tout emploi permanent.

Sur des catégories d'emplois plus ciblées, la loi a pu poser des exceptions particulières. Les emplois fonctionnels, emplois dont la proximité avec l'autorité politique implique un lien de confiance absolue et justifie l'extrême précarité des postes, connaissent des dérogations. Les emplois de directeurs généraux des services sont désormais ouverts aux contractuels dans les communes de plus de 40000 habitants[41]. Loin d'être un cas de recours au contractuel irréfléchi, ces exceptions au monopole des fonctionnaires sur les emplois permanents trouvent chacune une justification pratique. Pour le recours aux contractuels ouvert aux petites collectivités, le contrat lève en partie la difficulté de ces collectivités à recruter des fonctionnaires. Peu attractives sur le plan salarial, ne pouvant se permettre financièrement d'embaucher un fonctionnaire, les collectivités de moins de 1000 habitants ne font pas le poids sur le marché de l'emploi. Quant aux emplois de direction, la nécessité de choisir le directeur *intuitu personae* se

[39] Loi n° 87-529 du 13 juillet 1987 modifiant les dispositions relatives à la fonction publique territoriale, dite loi Galland.

[40] Loi n° 2001-2 du 3 janvier 2001 relative à la résorption de l'emploi précaire et à la modernisation du recrutement dans la fonction publique ainsi qu'au temps de travail dans la fonction publique territoriale.

[41] Article L. 343-1 du CGFP.

concilie mal avec le principe du concours entourant le recrutement des fonctionnaires. Le contrat se révèle alors opportun, car adapté aux circonstances qui entourent les besoins des collectivités.

La diversité des cas de recours aux agents contractuels s'illustre dans un second temps au travers des formes et du contenu des contrats. Le monopole des fonctionnaires ne valant que pour les emplois permanents, rien ne semble s'opposer à ce que les agents contractuels puissent être nommés sur des emplois non permanents. Les contrats saisonniers et contrats d'accroissement temporaire d'activité en sont les exemples typiques. Face à un besoin temporaire et exceptionnel, nul besoin d'engager un fonctionnaire, dont la carrière et sa gestion s'inscrivent dans le temps long. Les agents contractuels recrutés dans ces conditions ne remplacent pas un fonctionnaire, ne comblent pas un manque de fonctionnaires. Ces contrats ont vocation à compléter le statut et non à le court-circuiter.

Ce recours aux contractuels ne tire pas non plus son origine d'un mouvement de nouveau management public, dans la mesure où ces contrats ont toujours existé dans les lois statutaires d'hier[42] et le Code général de la fonction publique d'aujourd'hui[43]. Pour autant, ces types de contrats ont les faveurs des collectivités et du législateur, de multiples réformes ayant renforcé leur attractivité. La durée maximale du contrat saisonnier, de 6 mois pour une période de 12 mois consécutifs, est encore inchangée. Quant au contrat d'accroissement temporaire d'activité, sa durée maximale est passée de 3 à 12 mois sur une période de 18 mois consécutifs. Changement rédactionnel significatif, la

[42] Article 3 de la loi n° 84-53 du 26 janvier 1984 portant dispositions statutaires relatives à la fonction publique territoriale, dans sa rédaction initiale.
[43] Article L. 332-23 du CGFP.

mention du caractère exceptionnel du renouvellement du contrat saisonnier a disparu. Ces contrats qui donnent à l'administration la possibilité de s'adapter aux fluctuations saisonnières ou imprévues de son activité, sont encore aujourd'hui en plein développement.

En plus d'améliorer les formules existantes, les réformes successives du droit de la fonction publique ont étoffé l'arsenal déjà diversifié de contrats. La dernière création en date est le contrat de projet. Adossé aux contrats d'accroissement et saisonniers, le contrat de projet de l'article L. 332-24 du CGFP est une création de la loi de transformation de la fonction publique. Conclu pour une durée de 1 à 6 ans afin de mener à bien un projet ou une opération identifiée, il peut être renouvelé jusqu'à la réalisation de son objet dans la limite d'une durée totale de 6 ans. Parallèlement, le contrat de projet peut être rompu au terme d'un délai d'un an si le projet ou l'opération s'est réalisé ou s'il ne peut plus se réaliser. Ce contrat lie alors l'agent à une tâche déterminée.

Ce paramètre est assez nouveau en droit de la fonction publique. Que ce soit le fonctionnariat ou les diverses formes de recrutement de contractuels, l'agent public est normalement recruté pour occuper un poste. Sur ce poste, l'agent est amené éventuellement à gérer de multiples projets. En liant le contrat de l'agent à l'objet précis de son recrutement, le recours au contrat de projet permet à l'administration de s'assurer de ne pas conserver un agent au-delà de son besoin. Le contrôle qu'a l'administration sur la carrière de l'agent en contrat de projet est pour elle un avantage en termes de souplesse de la gestion de ses effectifs, mais s'opère au prix d'une grande précarité de ces emplois. La doctrine travailliste s'étonnait même de voir arriver dans la fonction publique un contrat de projet plus souple encore que son homologue privatiste[44]. Cependant, au-delà de ses problèmes propres, le contrat de projet peut aussi constituer un rempart contre une pratique croissante : le recours aux auto-entrepreneurs.

Le cas s'est ainsi présenté devant le Centre de gestion de la Gironde d'un agent contractuel issu d'une agence d'intérim travaillant pour un établissement culturel, dont le réemploi à la fin de son contrat avait été envisagé par le biais d'un contrat de prestation de service sous le statut d'auto-entrepreneur. Fâché avec son employeur privé, l'agent devait quitter son agence d'intérim. Il lui fut proposé de continuer de travailler dans les mêmes conditions matérielles, mais sous un statut d'auto-entrepreneur concluant un contrat de prestation de service. Outre les illégalités au regard du droit de la commande publique, l'opération envisagée constituait en l'espèce un clair détournement de l'objet de l'auto-entreprenariat et des règles de recrutement des agents publics. Les juridictions judiciaires étaient à ce moment particulièrement alertes sur ce modèle « Uber » de l'emploi[45]. Le contrat de projet a semblé être une solution plus opportune, les autres formes de contrat ou le recrutement d'un fonctionnaire n'étant pas adaptés à la situation.

B) Le contrat comme politique publique

L'outil contractuel n'est pas toujours mis à disposition des collectivités dans le but de compléter le statut ou satisfaire les besoins de recrutement. Bien

[44] M. Sweeney, « Transplantation du contrat de projet ou d'opération dans les fonctions publiques : point de vue d'un travailliste », Dalloz, Dr. Soc. 2020 p. 202.

[45] N. Balat, « L'ubérisation et Les faux-courtiers – ou les plateformes numériques rattrapées par le droit des contrats », Rec. Dalloz 2021 p. 646.

qu'aucun employeur, public comme privé, n'embauche pour embaucher, certains contrats de recrutement passés par les employeurs publics relèvent en eux-mêmes d'une politique publique. La question de l'emploi n'est en effet pas qu'une question purement comptable ou managériale. Elle est aussi sociale. Les chiffres du chômage sont amplement commentés, décortiqués, et analysés au tournant de chaque élection nationale ou locale. Véritable enjeu de société, l'emploi dispose de son propre ministère et fait l'objet de politiques publiques ciblées. Le rôle des employeurs publics dans la lutte contre le chômage s'est matérialisé par la création d'instruments juridiques permettant l'embauche de personnes particulièrement concernées par le chômage, dans le but de favoriser leur insertion sur le marché de l'emploi.

Ainsi, les contrats aidés ont été pensés comme une politique publique de lutte contre le chômage avant d'être un outil à disposition des managers publics. Le terme de contrat aidé regroupe l'ensemble des contrats visant au recrutement d'une personne particulièrement éloignée de l'emploi par un employeur, qui s'engage à accompagner le bénéficiaire vers l'emploi, au moyen d'une formation par exemple, et reçoit en contrepartie une aide de l'État pouvant atteindre 95 % du SMIC. Le contrat d'avenir de la loi de programmation pour la cohésion sociale du 18 janvier 2005[46] ou le contrat unique d'insertion (CUI) de la loi du 1er décembre 2008[47] en ont été des symboles. Le contrat d'avenir ciblait les bénéficiaires du revenu minimum d'insertion, de l'allocation de solidarité active, de l'allocation parent isolé ou de l'allocation adulte handicapé, et a été remplacé par le CUI. Le CUI se divisait en contrat

[46] Loi n° 2005-32 du 18 janvier 2005 de programmation pour la cohésion sociale.
[47] Loi n° 2008-1249 du 1er décembre 2008 généralisant le revenu de solidarité active et réformant les politiques d'insertion.

d'initiative emploi pour le secteur marchand (CUI-CIE) et en contrat d'accompagnement dans l'emploi (CUI-CAE).

Ces CUI-CAE n'ont pas été pensés principalement pour offrir à l'administration un moyen de satisfaire ses besoins de recrutement, mais pour agir pour l'emploi. Les chômeurs de longue durée, les seniors, les travailleurs handicapés ou bénéficiaires de minima sociaux en bénéficiaient. Or, l'attractivité d'un emploi à moindres frais a poussé certains employeurs à abuser du dispositif. La sanction de requalification du contrat a été prononcée par le juge judiciaire[48] lorsque l'employeur public employait une personne en CUI-CAE sans la former. Renommé parcours emploi compétences (PEC)[49], les CUI-CAE ont été redirigés vers le triptyque « emploi-formation-accompagnement » en conséquence.

La fonction du CUI-CAE (PEC) est bien de former, d'accompagner, et non d'embaucher afin de combler ses besoins. La forme contractuelle est ici salvatrice pour le statut. Ce dernier prévoit pourtant des actions de formation, mais dont la nature diverge avec celles proposées lors d'un CUI-CAE. D'une part, la formation du bénéficiaire d'un CUI-CAE (PEC) a vocation à lui donner les compétences pour exercer un emploi, là où le fonctionnaire comme l'agent contractuel par ailleurs sont censés être aptes aux fonctions de leur grade ou aux missions prévues par leur contrat. D'autre part, les formations des agents publics ont pour objectif de maintenir ou développer des compétences préexistantes, et non les créer. Le statut ou les contrats

[48] Cour de cassation, 26 mars 2014, n° 12-25.455 ; Rec. Dalloz 2014 p. 831 ; AJDA 2014 p. 709.

[49] Circulaire DGEFP/SDPAE/MIP/MPP/2018/11 du 11 janvier 2018 relative aux parcours emploi compétences et au Fonds d'inclusion dans l'emploi en faveur des personnes les plus éloignées de l'emploi, NOR : MTRD1801071C.

d'engagement d'un agent contractuel n'ont alors pas pour utilité de former durablement une personne éloignée de l'emploi, mais bien de pourvoir un emploi.

Toujours sur le plan de la formation, l'apprentissage connaît un engouement certain. Reposant sur les dispositions des articles L. 6221-1 et suivants du Code du travail, l'apprentissage auprès d'un employeur public joue un rôle ambivalent. Son objet est premièrement de concilier la formation académique d'un étudiant ou élève et sa découverte du monde professionnel. L'apprenti travaille pour le compte de son employeur pour une certaine partie de son temps de travail, et reçoit un enseignement dispensé par un centre de formation d'apprentis sur le reste de son temps de travail. L'employeur bénéficie d'un financement de l'État afin de prendre en charge une partie du coût de la formation.

Le contrat d'apprentissage a en cela une utilité sociale, celle d'aider les futurs diplômés à terminer leurs études tout en les préparant au monde du travail. L'employeur y trouve son compte d'une part grâce au travail de l'apprenti dans la structure, et d'autre part en formant un jeune travailleur au métier avant même son entrée sur le marché du travail. En pratique, le deuxième objet du contrat d'apprentissage est dès lors d'opérer un pré-recrutement des futurs diplômés dans un contexte d'embauche compliqué. Le contrat d'apprentissage présente ainsi l'avantage d'attirer les futurs travailleurs quels qu'ils soient, en visant une population plus large que les personnes particulièrement éloignées de l'emploi aidées par les CUI-CAE.

Néanmoins, le contrat d'apprentissage n'a pas vocation à absorber le CUI-CAE dans la mesure où l'apprentissage nécessite le suivi d'un tuteur et la formation de ce dernier. Ce paramètre représente un coût pour l'employeur et nécessite l'investissement d'un travailleur de l'organisme d'accueil. Pour les collectivités territoriales, le CNFPT prend cependant en charge 100 % du coût de formation[50], opération financée par une cotisation spéciale égale au maximum à 0.1 % de la masse salariale des collectivités territoriales[51].

Le contrat d'apprentissage relève finalement à la fois des contrats à but social, comme le CUI-CAE et autres contrats aidés, et des contrats venant supporter l'édifice statutaire en facilitant le recrutement. Cette gamme complète de contrats, grâce à la souplesse des solutions qu'elle apporte, complète utilement le statut actuel des fonctionnaires. Elle ouvre dans le même temps la porte aux abus et à l'utilisation incorrecte de ces formules, tout en complexifiant le paysage juridique des ressources humaines. Le contrat se révèle être à ce jour un outil encore imparfait.

---

[50] Article L. 451-11 du CGFP.

[51] Article L. 451-19-1 du CGFP.

Section 2
Un outil contractuel encore imparfait

Malgré ses atouts pour le management public, le contrat comporte des défauts propres et s'articule parfois mal avec les dispositifs publics. En premier lieu, le principe d'égalité peut être contrarié par la logique contractuelle en l'absence de garde-fous (Paragraphe 1). En second lieu, le recours à un contrat s'accompagne parfois d'erreurs d'implémentation dans le logiciel public (Paragraphe 2).

Paragraphe 1 : Le contrat, potentielle source d'inégalité

L'égalité est l'un des principes fondamentaux du service public. De rang constitutionnel, le principe est appliqué avec force dans le statut légal et réglementaire des fonctionnaires. Égalitaire voire égalitariste par nature, la fonction publique est complétée par des instruments contractuels dont l'essence (A) et la pratique (B) favorisent plutôt individualisme et différenciation.

A) L'inégalité inhérente au contrat

La relation contractuelle de travail fait, face au statut, pâle figure sur le terrain de l'égalité. La comparaison avec le statut révèle la rupture avec ce principe historique de la fonction publique française sur de nombreux points. La rémunération en est un des plus flagrants. Alors que la rémunération des fonctionnaires est assise sur une grille indiciaire, faisant correspondre un grade et une ancienneté à un indice et cet indice à une rémunération, la rémunération des contractuels est librement déterminée par les parties.

Formellement, les parties choisissent un indice de la fonction publique selon les critères déterminés par la loi. Ce choix d'un indice n'entraîne pas l'application de l'intégralité de la grille ni d'un quelconque mécanisme de progression. Les clauses prévoyant une progression de carrière proche de celle des fonctionnaires sont ainsi sanctionnées par le juge[52]. L'impossibilité de reconnaître une carrière à l'agent se fonde sur l'idée que seuls les fonctionnaires ont vocation à faire carrière dans la fonction publique. Le contrat étant un outil d'exception et de complément du statut, les clauses visant à instaurer une carrière pour les agents contractuels sont illégales. Est néanmoins regrettable l'absence de disposition claire à ce sujet. Les décisions du Conseil d'État ne visent aucune disposition particulière ni aucun principe général du droit pour fonder ces sanctions.

La solution est d'autant moins opportune depuis la création des mécanismes de « cédéisation » par la loi du 26 juillet 2005[53] aujourd'hui repris à l'article L. 332-9 et suivants du CGFP. En développant les hypothèses de recrutement en CDI, le législateur offre la possibilité à des agents contractuels de faire effectivement carrière dans la fonction publique. Dès lors, l'interdiction de prévoir cette carrière pour un agent contractuel perd en pertinence. La différence de traitement en matière d'évolution des rémunérations entre fonctionnaires et contractuels se doit cependant d'être recontextualisée.

D'une part, le principe d'égalité n'interdit pas au législateur de traiter de manière différente des situations différentes. Le fonctionnaire et l'agent contractuel sont au moins juridiquement dans des situations différentes.

---

[52] CE, 15 janvier 1997, *Préfet du Nord*, n° 152937 ; CE, 30 mai 2012, n° 343039.

[53] Loi n° 2005-843 du 26 juillet 2005 portant diverses mesures de transposition du droit communautaire à la fonction publique.

D'autre part, des mécanismes de réexamen des rémunérations des agents contractuels ont vu le jour dès 2007[54]. L'article 1-2 du décret n° 88-145 du 15 février 1988 prévoit depuis un mécanisme de réexamen de la rémunération de l'agent contractuel tous les 3 ans en principe[55]. La dualité entre statut et contrat induit alors inévitablement des différences de traitements. Mais les écarts constatés en matière d'évolution des rémunérations répondent à une différence de situation, qui en pratique perd en consistance avec l'essor des carrières longues des agents contractuels.

L'inégalité entre les agents publics se poursuit au travers du mode de détermination de la rémunération de l'agent contractuel. Le choix de l'indice de rémunération repose sur ces critères prévus par la loi et le règlement. L'article L. 713-1 du CGFP vise les fonctions exercées, la qualification requise pour leur exercice et l'expérience des agents. Le décret n° 88-145 précité y ajoute la qualification effectivement détenue par l'agent. Ces critères se veulent objectifs, mais ne se traduisent pas forcément par un automatisme dans le choix de la rémunération, les textes n'allant pas jusqu'à prévoir une grille prescriptive de rémunération. Ce serait d'ailleurs méconnaître l'esprit du contrat, et l'importance de la négociation de la rémunération pour les agents et les employeurs. Par ailleurs, la liste des critères d'évaluation de la rémunération des agents contractuels n'est pas limitative. Le décret n° 88-145 vise en effet une liste de critères comprenant « notamment »

---

[54] Décret n° 2007-1829 du 24 décembre 2007 modifiant le décret n° 88-145 du 15 février 1988 pris pour l'application de l'article 136 de la loi du 26 janvier 1984 modifiée portant dispositions statutaires relatives à la fonction publique territoriale et relatif aux agents non titulaires de la fonction publique territoriale.

[55] Décret n° 88-145 du 15 février 1988 relatif aux agents contractuels de la fonction publique territoriale.

les critères précités, nuance absente de la disposition législative. L'administration dispose en cela d'une double marge de négociation, d'un côté sur le choix des critères fondant son choix de l'indice de rémunération, et de l'autre sur l'appréciation de ces critères. Cette marge de manœuvre n'est cependant pas absolue. Les critères retenus ne doivent pas être discriminatoires, c'est là l'application la plus fondamentale du principe d'égalité. L'appréciation de ces critères ne doit pas être manifestement disproportionnée, notamment eu égard à la rémunération qu'aurait pu avoir un fonctionnaire sur ce même poste[56]. Une certaine inégalité entre les agents contractuels et les fonctionnaires, ou entre les agents contractuels entre eux, se manifeste ainsi en toute timidité.

D'autres éléments de la relation de travail sont susceptibles de générer des inégalités de par l'introduction des contrats dans la fonction publique. La multitude de contrats génère une pluralité de situations motivant des différences de traitement. La justification de chaque écart n'est pas toujours convaincante. Il en est ainsi de la prime de précarité. Attribuée en fin de contrat pour les contrats dits précaires, la prime de précarité correspond à 10 % de la rémunération brute de l'agent. Son utilité sociale est double. Dans un sens, cette prime est une aide pour le travailleur subissant l'instabilité de son contrat. Dans un autre sens, la prime de précarité rend les formules précaires moins attractives pour les employeurs, les poussant à une utilisation raisonnée de ces contrats. Cependant, certaines formes contractuelles les plus précaires ne bénéficient pas de la prime de précarité, comme certains contrats aidés ou le contrat de projet. Pour les contrats à but social, l'absence de prime de précarité est à dessein. Exonérés de prime de précarité, ces contrats gagnent en attractivité auprès des

---

[56] CE, 29 avril 2014, prec.

employeurs[57]. L'égalité se trouve, dans ce cas, pondérée par le but même du contrat.

B) Une inégalité dans la pratique

En dehors des inégalités inhérentes à chaque contrat, des inégalités issues de la pratique se profilent. La liberté de négociation reconnue aux parties s'est matérialisée par des écarts concrets dans le choix de la rémunération des agents. Les données issues du rapport annuel sur l'état de la fonction publique sont éclairantes. Ce rapport de la DGAFP a vocation à donner une vue d'ensemble et des données détaillées sur l'emploi public. La spécificité de l'édition 2019 réside dans la rédaction dans ce rapport d'un dossier[58] portant spécifiquement sur les contractuels. Leurs conditions d'emploi et leurs rémunérations sont comparées à celles des fonctionnaires et des salariés du privé et commentées. Le rapport fait apparaître des divergences sur de nombreux points entre contractuels et fonctionnaires, mais aussi entre contractuels eux-mêmes.

En premier lieu, les écarts constatés dans la pratique se font sans grande surprise au désavantage des contractuels[59]. Ces derniers touchent en moyenne 38 % de moins qu'un fonctionnaire dans l'ensemble des trois versants. La fonction publique territoriale fait ici office de bon élève en accusant un écart de 26 % seulement. Les contractuels touchent en moyenne 1144 euros par mois contre 1777 pour les fonctionnaires. Pour autant, il ne faut

---

[57] C. Willmann, « Emploi : contrats de travail spéciaux – Rupture du contrat de travail spécial », 2003, Répertoire de droit du travail.
[58] DGAFP, *Rapport annuel sur l'état de la fonction publique*, édition 2019, pp. 209-281.
[59] DGAFP, *Rapport annuel sur l'état de la fonction publique*, édition 2019, p. 263.

pas en déduire qu'un fonctionnaire et un contractuel placés exactement dans la même situation touchent des rémunérations aussi éloignées. La question de la situation est justement la variable maîtresse. Tout comme dans la lutte contre les inégalités salariales fondées sur le sexe, les différences de rémunération à poste strictement équivalent relèvent de l'exception et occultent en pratique une différence d'accessibilité à un poste similaire. D'autres paramètres sont à prendre en compte.

Le premier est le plein emploi. Environ 40 % des contractuels ne travaillent pas à taux plein, contre 15 % pour les fonctionnaires, c'est-à-dire à temps plein et à temps complet. Cette différence s'accentue dans la fonction publique territoriale. Plus de 50 % des contractuels contre 17.1 % pour les fonctionnaires. De plus, lorsqu'un agent contractuel territorial n'est pas à taux plein, il est très majoritairement (41.2 agents sur 50.2 soit 82 % environ), en dessous des 28 heures, situation ne concernant que la moitié des fonctionnaires (7.6 fonctionnaires sur 17.1 soit 44 % environ). Les contractuels sont de cette façon moins bien rémunérés en moyenne que les fonctionnaires du fait des clauses de leur contrat. L'utilisation des contrats par les employeurs locaux n'est néanmoins pas la seule variable de cette rémunération.

Les chiffres de la DGAFP montrent une corrélation entre l'âge des agents et l'écart de rémunération entre fonctionnaires et agents contractuels. L'exemple de la territoriale est évocateur. Les fonctionnaires de moins de 25 ans gagnent en moyenne 313 euros de plus que leurs collègues contractuels. Cette différence augmente progressivement jusqu'à atteindre 837 euros. L'écart brut entre agents publics selon le statut progresse donc avec l'âge. Mais progresse-t-il de manière constante ? Autrement dit, le « delta » est-il le même à tout âge ? Pour y répondre, une autre donnée est importante : l'écart relatif. Un jeune fonctionnaire touche 32 % de plus qu'un jeune contractuel, tandis que les plus âgés des fonctionnaires touchent 78 % de plus qu'un agent contractuel de même génération. L'écart entre les rémunérations se creuse. Les raisons sont de plusieurs ordres.

D'une part, le mécanisme d'avancement à l'ancienneté applicable aux fonctionnaires ne l'est pas aux contractuels comme vu précédemment. D'autre part, la rémunération des contractuels diminue passé 50 ans. Décrivant une courbe en cloche, la rémunération des contractuels augmente constamment entre 25 et 49 ans, avant de chuter notablement passé 50 ans. Le système de progression à l'ancienneté n'est pas la seule explication.

En second lieu, les écarts de rémunération se constatent donc encore entre agents contractuels. L'âge en est une variable. Cependant, il paraît abrupt d'établir un lien de causalité entre l'âge et la rémunération. L'âge semble davantage relever d'une corrélation que d'une causalité. D'autres motifs comme l'expérience professionnelle, la nature du contrat, les fonctions exercées ou l'ancienneté entrent en compte. De plus, ce constat d'une baisse de rémunération passé 50 ans est une particularité de la fonction publique territoriale. Excepté une légère baisse vers 50 ans dans la fonction publique hospitalière, les fonctions publiques de l'État et des établissements hospitaliers présentent une montée constante de la rémunération des contractuels.

Un autre facteur pratique pouvant mener aux écarts salariaux peut être l'employeur. Chaque employeur dispose de ressources plus ou moins fournies afin de subvenir à ses besoins de recrutement. Les collectivités territoriales n'échappent pas aux règles du marché de l'emploi. Les capacités de rémunération des petites collectivités rurales ne sont pas à égalité avec les grands centres urbains. Les possibilités offertes en termes de rémunération, de régime indemnitaire, de condition de travail et de perspective de carrières sont déjà différentes. Le rapport annuel rappelle l'écart salarial entre collectivités. Inférieur à 2000 euros dans les communes et CCAS, le salaire net moyen est supérieur à 2000 euros dans les départements et régions. Dès lors que l'agent public est en mesure de négocier les stipulations de son contrat, il y a bien peu de chances qu'il se dirige vers l'offre la moins alléchante. Ces chiffres doivent néanmoins être maniés avec prudence, l'équivalence des emplois et des responsabilités entre les emplois communaux et départementaux ou régionaux n'étant pas établie. Le rapport sur l'état de la fonction publique ne précise pas les écarts de rémunération entre contractuels selon l'échelon territorial. La seule donnée territorialisée sur ce thème est la répartition des contractuels, qui porte principalement sur les zones jugées peu attractives pour les fonctionnaires, comme les zones rurales ou de montagne.

Le recours au contrat dans la fonction publique est donc un outil utile pour les collectivités en pénurie de fonctionnaires. Il se révèle cependant particulièrement propice aux ruptures d'égalité. Et c'est là son atout principal pour les employeurs publics, la possibilité de proposer plus pour attirer ou d'offrir moins pour économiser. Face aux risques portés par le contrat, les centres de gestion jouent leur rôle en fournissant des modèles de contrat. Ceux-ci aident les collectivités à sécuriser juridiquement leurs contrats et les uniformiser au moins formellement, et préviennent l'ajout de clauses dangereuses pour l'agent et l'employeur public. Par ces missions d'information, les centres de gestion aident dans le même temps les collectivités à s'y retrouver dans la jungle normative des contrats de la fonction publique et à comprendre les régimes juridiques les plus confus.

Paragraphe 2 : Le cas des « assmats » : un régime mixte confus

Le régime des assistants maternels des collectivités territoriales est mixte. Mélangeant droit privé et droit public, le cas des « assmats » donne l'impression d'une complexité incompréhensible[60]. L'absence de choix clair entre droit privé et droit public, ou de création d'un régime cohérent, génère des inquiétudes que le Centre de gestion de la Gironde s'est attelé à lever. Ce régime souffre tout d'abord d'un trop grand nombre de réformes mal articulées (A). Les assistants maternels sont à ce stade dans l'attente d'une énième réforme (B).

A) Un régime souvent réformé

Les assistants maternels exercent une profession aussi singulière que vitale. Le métier d'assistant(e) maternel(le) étant l'un des plus féminisés[61], le féminin semble d'ailleurs plus adéquat. Héritières des nourrices, les assistantes maternelles sont des professionnelles de l'enfance. Elles accueillent des enfants chez elles, et s'en occupent en même temps que leurs propres enfants. Elles reçoivent en contrepartie une rémunération, et bénéficient aujourd’hui d'un régime spécifique. La spécificité de ce

---

[60] J-M. Pontier, « Le droit administratif et la complexité », AJDA 2000 p. 187.

[61] La région Poitou-Charentes comptait 100 hommes assistants maternels pour 13800 femmes assistantes maternelles ; H. Decorne, Accueil des jeunes enfants, un fort recours aux assistants maternels, INSEE Flash Poitou-Charentes, 2015, INSEE.

régime tient à deux éléments, la particularité du métier et son histoire juridique.

Ce métier s'est longtemps distingué par son lieu d'exercice : le domicile de l'assistante maternelle. En accueillant les enfants chez elle, l'assistante maternelle est à la fois au travail et dans son lieu de vie personnel. La confusion entre vie de famille et travail est forte, et amène des adaptations des règles relatives au lieu de travail. La particularité de cette situation s'est quelque peu diluée dans le contexte de la crise sanitaire du fait du télétravail. La réflexion sur le travail à la maison ne gagnerait-elle pas à associer de telles spécialistes de la question ?

Le métier d'assistante maternelle est par ailleurs caractérisé par la relation à l'enfant. Cette relation se différencie d'autres métiers au contact des jeunes, comme les enseignants, par la dimension personnelle et intime que noue l'assistante maternelle avec l'enfant. Il ne s'agit pas d'enseigner, de transmettre un savoir dans un environnement prévu à cet effet. Il est question de l'entretien et du développement de l'enfant. Cette dimension n'est pas un accessoire du métier, c'est son cœur. Des compétences uniques sont requises pour exercer ce métier, et un encadrement spécial a été mis en place au fur et à mesure afin de sauvegarder l'intérêt supérieur de l'enfant. La particularité du métier d'assistante maternelle tient ainsi au cadre intime d'exercice et à la population singulière concernée. Il a déjà été remarqué que « ce métier, complexe dans son exercice, renvoie aux conceptions les plus intimes de la personne »[62].

L'originalité du métier a été reconnue peu à peu, et un régime spécial a été créé à mesure de la prise de

---

[62] P. Renard, « Le « statut » dérogatoire et contesté des assistantes maternelles », AJFP 1999 p. 46.

conscience du législateur. Sa construction tardive a cependant été laborieuse, prenant la forme de réformes successives se surajoutant les unes aux autres, sans jamais établir un ensemble clair et cohérent de règles. Les couches sédimentaires de textes relatifs aux assistantes maternelles évoquent ainsi plus la géologie que l'archéologie juridique. La strate la plus ancienne encore pertinente a été formée par la jurisprudence. L'arrêt Belleudy[63] de 1967 est l'occasion pour le Conseil d'État de reconnaître la qualité d'agent public au gardien d'un pupille de l'État placé chez lui par le service départemental d'aide sociale à l'enfance. La loi du 17 mai 1977[64] constitue la première réponse législative à la solution jurisprudentielle. Reconnaissant la profession d'assistante maternelle, la loi pose les bases du statut des « assmats ». Sous l'empire de cette loi, les juges du Palais Royal confirment la qualité d'agent public des assistantes maternelles[65]. La loi du 12 juillet 1992[66] approfondit le régime en détaillant par exemple la procédure d'agrément délivrée par le département, document garantissant les compétences professionnelles de l'agent et la conformité de son domicile aux exigences de sécurité pour l'enfant. Un décret du 27 novembre 1992[67] vient préciser les modalités de rémunération et de formation des assistantes maternelles.

L'énoncé de la loi de 1992 est déjà évocateur de la complexité du régime posé. « Relative aux assistants maternels et assistantes maternelles et modifiant le Code de

---

[63] CE, 14 juin 1967, *Belleudy*, n° 69062.

[64] Loi n° 77-505 du 17 mai 1977 relative aux assistantes maternelles.

[65] CE, 23 décembre 1987, *Fédération des services départementaux et régionaux CGT-FO,* n° 79958.

[66] Loi n° 92-642 du 12 juillet 1992 relative aux assistants maternels et assistantes maternelles et modifiant le Code de la famille et de l'action sociale, le Code de la santé publique et le Code du travail.

[67] Décret n° 92-1245 du 27 novembre 1992 relatif à la rémunération et à la formation des assistants maternels et assistantes maternelles.

la famille et de l'action sociale, le Code de la santé publique et le Code du travail », son titre évoque clairement la dispersion des dispositions du régime. Dispersion accentuée pour les assistantes maternelles employées par les personnes publiques, soumises partiellement aux textes de droit public. Les réformes du début des années 2000 étendent les droits des assistantes maternelles et divisent la profession en deux. La loi du 27 juin 2005[68] distingue les assistantes maternelles des assistants familiaux. Ces derniers s'occupent des enfants placés dans une famille d'accueil. La relation à l'enfant n'étant pas la même, les dispositions sont adaptées. Des dispositions de multiples codes et de textes non codifiés se mélangent, transformant la moindre recherche juridique en jeu de piste interminable. Le désir de rassembler ces règles éparses en un seul ensemble est entendu au moment de la réforme du Code du travail. Le transfert des dispositions du Code du travail vers le Code de l'action sociale et des familles (CASF) ne s'est pas fait sans accroc pour les assistantes maternelles employées par les personnes publiques.

B) Un régime en attente de réforme

Les dispositions applicables aux assistantes maternelles employées par des personnes privées étaient prévues dans le Code du travail aux articles L. 773 et suivants du Code du travail. L'article L. 422-1 du CASF rendait applicable une partie d'entre elles aux assistantes maternelles employées par des personnes publiques. Le CASF reconnaissait aux articles L. 422-6 et L. 422-8 la qualité d'agent non titulaire des collectivités territoriales aux assistantes maternelles employées par elles et

[68] Loi n° 2005-706 du 27 juin 2005 relative aux assistants maternels et aux assistants familiaux.

l'application de dispositions réglementaires spécifiques. Au niveau réglementaire, les articles D. 773 et suivants du Code du travail s'appliquaient aux assistantes maternelles employées par les personnes privées. Ces dispositions étaient rendues applicables pour certaines d'entre elles aux assistantes maternelles publiques par l'article R. 422-1 du CASF. Ce même article rend encore applicable une partie des dispositions du décret n° 88-145 aux « assmats » publiques. Au moment de la réforme du Code du travail, il a été choisi de concentrer les dispositions du Code du travail relatives aux assistantes maternelles dans le CASF. L'ordonnance du 12 mars 2007[69] abroge la majorité des dispositions de l'ancien Code du travail, pour y substituer les dispositions du nouveau Code du travail. À l'article 3 de l'ordonnance, les références à l'ancien Code du travail sont automatiquement remplacées par les dispositions correspondantes du Code du travail.

Les dispositions relatives aux assistantes maternelles sont en revanche écartées du Code du travail pour intégrer le CASF. L'article 5 de l'ordonnance pose ainsi un Chapitre III au Titre II du Livre IV de la partie législative du CASF relatif aux assistants maternels et familiaux employés par des personnes de droit privé. Ce chapitre reprend matériellement le contenu des articles L. 773 et suivants de l'ancien Code du travail. Les dispositions touchant aux assistantes maternelles étant écartées du Code du travail, le changement automatique des références prévu à l'article 3 de l'ordonnance n'était pas applicable à l'article L. 442-1 du CASF. Ce dernier visait encore les dispositions de l'ancien Code du travail. L'article L. 442-1 du CASF est modifié en conséquence par l'article 5 de l'ordonnance pour remplacer les références désuètes au Code du travail par des

---

[69] Ordonnance n° 2007-329 du 12 mars 2007 relative au Code du travail (partie législative).

références aux articles L. 423 et suivants du CASF. Le régime législatif gagne ainsi en lisibilité tant pour les assistantes privées que publiques.

Cependant, la réforme de la partie réglementaire ne s'est pas aussi bien déroulée. Le décret du 7 mars 2008[70] procède de même à l'abrogation de la partie réglementaire du Code du travail et à sa substitution par les nouvelles dispositions du Code du travail. Le même mécanisme de changement de plein droit des anciennes références au Code du travail, en nouvelles références issues de la renumérotation, est mis en place à l'article 3 du décret. À l'instar de l'article 3 de l'ordonnance, l'article 3 du décret ne vise que les références au Code du travail. Il n'a donc pas pour effet de modifier l'article R. 422-1 du CASF. Or l'article 5 du décret, qui pose comme l'article 5 de l'ordonnance un Chapitre III au Titre II du Livre IV de la partie réglementaire du CASF relatif aux assistants maternels et familiaux employés par des personnes de droit privé, ne modifie pas l'article R. 422-1 du CASF. Aucun autre texte réglementaire n'est venu mettre à jour les références. Pour cette raison, l'article R. 422-1 rend encore applicables les articles D. 773 et suivants de l'ancien Code du travail, quand bien même ces articles n'existent plus.

Ce retard, voire cet oubli, sème le doute dans l'esprit des employeurs publics. Ces derniers ne savent plus quelles dispositions appliquer aux assistantes maternelles. Le phénomène tend à empirer à mesure que les agents en poste au moment de la réforme, « mémoires du service », quittent leur poste. Les nouveaux gestionnaires publics sont ainsi confrontés sans explication à des renvois incohérents. Le Centre de gestion de la Gironde a été sollicité à de multiples reprises afin de déterminer les dispositions applicables aux

---

[70] Décret n° 2008-244 du 7 mars 2008 relatif au Code du travail (partie réglementaire).

assistantes maternelles. Une collectivité ayant placé une assistante maternelle en congé maladie ordinaire, dispositif prévu à l'article 7 du décret n° 88-145, s'est demandé après coup si cet article était applicable aux assistantes maternelles. En tant qu'agents publics des collectivités territoriales, les assistantes maternelles relèvent bien du décret n° 88-145, dans les conditions prévues à l'article R. 422-1 du CASF. Ce dernier ne liste que les articles 16, 19, 31, 37, 38 et 41 du décret. Le congé en question est alors illégal.

La reconnaissance de la qualité d'agent public, nuancée par un renvoi à un code qui renvoie à une partie seulement du décret, a induit en erreur la collectivité. Les mécanismes de renvoi, en tant qu'ils évitent les répétitions inutiles dans la loi et les risques d'oubli de mise à jour lors de réformes successives, participent à la clarté du droit. Cependant, ils sont aussi source de confusion lorsqu'une renumérotation a lieu. Une question a récemment été posée au Centre de gestion au sujet de l'indemnité d'entretien que touchent les assistantes maternelles. Cette indemnité est prévue aux articles L. 423-4 et D. 423-7 du CASF pour les assistantes maternelles employées par des personnes privées, et compense les frais qu'avance l'assistante maternelle pour l'entretien de l'enfant. La réponse à cette question a été fournie par le Service Juridique-Documentation.

Le débat sur l'opportunité de recourir au droit privé dans la fonction publique trouve dans le cas des assistantes maternelles employées par les collectivités territoriales un exemple concret. Ce régime hybride est complexe et générateur d'incertitude dans la gestion des assmats. Il met en doute non pas l'utilité de recourir au droit privé, mais la pertinence de n'y recourir qu'à moitié. Le régime privé des assistantes maternelles est aujourd'hui clairement défini.

Côté public, la qualité d'agent non titulaire ou contractuel s'est grandement enrichie. En restant au milieu du gué, le régime des assistantes maternelles employées par les collectivités perd en lisibilité. Reste encore à choisir vers quelle rive voguer.

Le recours au contrat dans la fonction publique présente en conclusion certains avantages, aux côtés de désavantages certains. Relativement souple, la formule contractuelle complète utilement le statut. La rencontre des concepts de droit privé et de droit public génère toutefois des situations confuses, et ouvre la porte à des inégalités plus ou moins justifiées. Le développement du contrat représente en cela une évolution majeure de la fonction publique française. Le plurilatéralisme qui le caractérise ne lui est cependant pas exclusif.

Chapitre 2
Le dialogue social, facteur d'apaisement des relations collectives de travail

Le second signe du plurilatéralisme prend la forme du dialogue social, méthode de détermination des relations collectives de travail. D'inspiration de plus en plus privatiste dans sa forme, le dialogue social est moins un objet nouveau qu'une méthode récemment renouvelée. Si certains pans du dialogue social sont nouveaux pour la fonction publique comme la négociation collective (Section 1), d'autres comme les instances représentatives sont relativement anciens (Section 2).

Section 1
La négociation collective : un outil à double tranchant

La négociation collective est souvent présentée comme un changement majeur des récentes réformes de la fonction publique. La logique de négociation des conditions de travail dénote en effet avec la construction traditionnelle du droit de la fonction publique (Paragraphe 1). Si ce changement peut être porteur d'avancées, il amène avec lui les risques d'un véritable « dumping négocial » (Paragraphe 2).

Paragraphe 1 : Une logique de négociation bienvenue

En droit, le contenu de la règle est aussi important que sa source. Les sources du droit de la fonction publique connaissent en ce moment un changement majeur au travers de la mise en place de la négociation collective. La négociation collective est le processus de négociation débouchant sur des accords entre les employeurs et leurs employés sur les relations collectives de travail, dont la valeur juridique est reconnue sous conditions par la loi. Caractéristiques du droit commun du travail, les accords collectifs se sont heurtés un temps à l'unilatéralisme distinctif de la fonction publique (A). Les digues statutaires ont fini par céder (B).

A) Le choix classique de l'unilatéralisme

L'unilatéralisme est depuis longtemps de mise, au moins formellement, dans l'administration française. La fonction publique n'y a pas échappé et repose encore principalement sur des actes unilatéraux, tant dans la détermination des règles applicables à la relation de travail, que dans la création des relations de travail. Des lois statutaires au code, en passant par l'abondance de décrets et arrêtés, le droit de la fonction publique est un droit particulièrement textuel parmi les domaines du droit public. Tel que démontré précédemment, l'unilatéralisme prévaut dans le recrutement des agents sans pour autant exclure l'acte plurilatéral, le contrat d'engagement d'un agent public. La détermination des règles générales est restée un processus du domaine de la norme édictée de manière unilatérale par l'administration. Ce choix d'une voie unilatérale et autoritaire a déjà été décrit en propos introductifs. La crainte des syndicats et le rejet du rôle des agents dans la détermination de leurs conditions d'emploi ont éloigné la négociation collective du champ du droit de la fonction publique. Le tableau ainsi dressé n'est toutefois qu'une représentation de l'état du droit positif. Or, la pratique du droit de la fonction publique ne se réduit pas à l'adoption d'une règle ou d'une autre sur un support déterminé.

Les modalités d'adoption de l'acte sont tout aussi importantes que l'acte en lui-même. Loin d'être mis à l'écart purement et simplement, les syndicats et les agents ont de tout temps été mis à contribution. Par des canaux plus ou moins officiels et à des fréquences diverses, l'opinion des principaux concernés a été entendue dans le cadre des réformes successives de la fonction publique. L'adoption du statut de 1946 et le rôle prépondérant de la CGT en sont un exemple. De manière encore plus formelle, des accords ont pu être passés entre le gouvernement et les syndicats sur la question salariale des fonctionnaires. Ce fut le cas pour le protocole Oudinot[71], du nom de la rue dans laquelle se

[71] Protocole Oudinot du 2 juin 1968.

situait la DGAFP, suite aux manifestations de mai 1968. Cet accord portait sur les rémunérations, la durée du travail et les droits syndicaux. C'est à cette occasion que s'est manifesté en premier le rôle de la DGAFP dans la conduite du dialogue social. La méthode est reprise de plus en plus fréquemment, et fait même l'objet d'un point de la circulaire Rocard de 1989[72], du nom du Premier ministre de l'époque. Sous l'empire des lois statutaires de 1983 et 1984, le protocole d'accord Durafour de 1990[73] prévoit une rénovation des grilles de la fonction publique sur une période de sept ans. Le mécanisme de la nouvelle bonification indiciaire ou NBI remplira l'engagement du gouvernement de verser quelque 43 milliards de francs aux personnels concernés.

La variable déterminante de ces accords est leur absence de valeur juridique et de force contraignante. Ce principe a été dégagé clairement par le juge administratif[74]. Il n'aurait pu en être autrement, en l'état du droit de l'époque, l'administration ne pouvant user du contrat pour l'exercice de son pouvoir de police[75] ou pour s'engager à utiliser son pouvoir réglementaire dans un sens déterminé[76]. L'utilité de ces accords n'en est pas amoindrie et la formule séduit employeurs et syndicats. Les accords de Bercy de 2008[77] préfigurent la loi du 5 juillet 2010 relative elle aussi à la

---

[72] Circulaire du 23 février 1989 relative au renouveau du service public, NOR : PRMX8910096C.

[73] Protocole d'accord « Durafour » du 9 février 1990 sur la rénovation de la grille des classifications et des rémunérations des trois fonctions publiques.

[74] CE, 1er février 1999, *Association syndicale des contractuels du ministère de l'industrie*, n° 197516.

[75] CE, 17 juin 1932, *Ville de Castelnaudary*, n° 12045, Lebon p. 595.

[76] CE, 9 juillet 2015, *Football club des Girondins de Bordeaux*, n° 375542 ; AJDA 2015 p. 1391

[77] Accords de Bercy sur le dialogue social dans la fonction publique du 2 juin 2008.

rénovation du dialogue social[78]. La nouvelle rénovation du dialogue social portée par cette loi est de donner une dimension formelle au dialogue social par le biais d'accords, soumis à condition de validité sans pour autant être dotés d'une valeur juridique et d'une force contraignante. Sur la base des accords de Bercy, des thématiques au nombre de sept sont identifiées comme propices à la négociation. La formation, l'hygiène, la santé et la sécurité, l'égalité professionnelle entre hommes et femmes rejoignent les discussions classiques autour de la rémunération et du pouvoir d'achat à l'article 8 bis de la loi n° 83-634.

Sans force juridique, ces accords sont néanmoins soumis à condition de validité et articulés entre eux. Ce régime de négociation collective est inachevé, dès lors que la réalisation concrète des engagements politiques et moraux contenus dans les accords nécessite un acte réglementaire, dont l'édiction est toujours à la discrétion du gouvernement. La méthode de prise de décision s'inspire bien du droit privé, mais la décision elle-même reste éminemment unilatérale. Un polissage des règles est observable dans les réformes suivantes de la fonction publique. Le thème du dialogue social devient incontournable, certaines lois majeures relatives à la fonction publique lui consacrant une de leurs sections quand bien même l'objet de la loi est tout autre. La loi Déontologie de 2016[79] contient ainsi un chapitre II « De l'amélioration du dialogue social dans la fonction

[78] Loi n° 2010-751 du 5 juillet 2010 relative à la rénovation du dialogue social et comportant diverses dispositions relatives à la fonction publique.
[79] Loi n° 2016-483 du 20 avril 2016 relative à la déontologie et aux droits et obligations des fonctionnaires.

publique », lui-même contenu dans un titre III « De l'exemplarité des employeurs publics ».

B) L'acceptation récente de la négociation dans la fonction publique

La loi de transformation de la fonction publique de 2019 constitue la rupture la plus marquée avec la logique unilatérale du droit de la fonction publique. Cette loi, globale et orientée vers un alignement du droit de la fonction publique sur le droit privé du travail, rénove de fond en comble l'édifice statutaire. Elle porte ce faisant un coup à la barge statutaire[80] en laissant s'infiltrer dans ce droit autoritaire une source du droit négociée. La principale évolution concernant les accords collectifs est la reconnaissance d'une valeur juridique, et d'une force contraignante, aux accords passés par des organisations syndicales représentatives totalisant au moins 50 % des suffrages exprimés aux élections professionnelles. Ces accords peuvent se situer à un échelon national, local ou « de proximité ». Sans reconnaître clairement un principe de faveur à l'image de celui applicable en droit privé du travail, la loi reconnaît a minima la possibilité pour les accords d'un niveau inférieur de préciser un accord d'un niveau supérieur ou d'en améliorer l'économie générale, dans le respect de ses stipulations essentielles.

Les dispositions de la loi TFP, aujourd'hui reprises à l'article L. 222-5 du CGFP, reformulent le principe posé par la loi de 2010 sur le dialogue social. La rédaction du principe est troublante : « *un accord relatif aux conditions d'application à un niveau inférieur d'un accord mentionné*

---

[80] A. Taillefait, « La situation légale et réglementaire des fonctionnaires prend l'eau ! », AJDA 2021 p. 1026.

à l'article L. 221-2 ne peut que préciser celui-ci ou en améliorer l'économie générale dans le respect de ses stipulations essentielles ». En premier lieu, les dispositions de l'article L. 222-5 du CGFP ne semblent concerner que les accords relatifs aux conditions d'application à un niveau inférieur d'un accord conclu à un niveau supérieur. Qu'en est-il des accords n'ayant pas pour objet de déterminer les conditions d'application d'un accord d'échelon supérieur ? Le recours à un accord de niveau national n'est pas obligatoire, et l'hypothèse d'un accord isolé au niveau local laisse perplexe. Un accord local antérieur à un accord national peut porter sur la même thématique, dans des termes plus larges et méconnaître l'économie générale du texte d'échelon supérieur. Ni le CGFP ni le décret d'application en matière de négociation collective[81] ne précisent le sort d'un accord local devenu contraire à un accord national.

En second lieu, les facultés de préciser l'accord ou d'en améliorer l'économie générale manquent de clarté. L'emploi de la notion d'économie générale et de stipulations essentielles indique la possibilité pour un accord local de déroger à la baisse à une clause non essentielle d'un accord national, tant qu'une compensation maintient l'équilibre général de l'accord. Ces notions, floues, soulèveront probablement des inquiétudes et des conflits. Le droit privé se trouve être ici une source d'inspiration potentielle. Le Code du travail prévoit en effet aux articles L. 2253-1 et suivants une articulation précise en trois blocs entre les accords de branche et les accords d'entreprise. Un premier bloc de sujets de négociations, comme l'égalité entre les femmes et les hommes, fait primer l'accord de branche

[81] Décret n° 2021-904 du 7 juillet 2021 relatif aux modalités de la négociation et de la conclusion des accords collectifs dans la fonction publique.

quelle que soit l'antériorité de l'accord d'entreprise. Ce dernier ne peut que prévoir des règles plus favorables au travailleur. Un deuxième bloc de thèmes fait primer l'accord d'entreprise favorable ou défavorable, sauf si l'accord de branche prévoit une clause de verrouillage. Dans ce cas, l'accord d'entreprise, qu'il soit antérieur ou postérieur à l'accord de branche, ne pourra qu'être favorable. Dans un dernier bloc concernant tous les autres domaines de négociation, l'accord d'entreprise prévaut quoiqu'il stipule et quelle que soit la chronologie entre les accords. Aucune clause de verrouillage ni aucun principe *in favorem* ne ressort des dispositions du CGFP.

En revanche, le CGFP identifie clairement les acteurs de la négociation, et prévoit une série d'hypothèses nécessitant l'accord d'acteurs multiples dépassant les seuls employeurs et syndicats. Afin de donner son plein effet à la négociation collective, les accords doivent être signés par l'autorité compétente pour prendre les mesures, réglementaires ou non, prévues par l'accord. Le principe de relativité des conventions interdirait autrement aux parties à l'accord de contraindre l'autorité administrative compétente à prendre les mesures adéquates. C'est une mesure de bon sens, qui prend en compte la nature des actes d'application de ces accords. Un autre exemple de cette adaptation des règles de la négociation collective aux particularités des acteurs publics se manifeste à l'article L. 244-1 du CGFP. Lorsque l'accord se substitue à un acte unilatéral, la signature des autorités compétentes pour édicter l'acte est nécessaire. En revanche, le CGFP ne va pas jusqu'à imposer la signature à l'ensemble des autorités compétentes pour édicter les actes unilatéraux ayant le même objet, l'article L. 224-1 du CGFP autorisant la simple approbation préalable des stipulations de l'accord.

La négociation collective issue des réformes successives tire son inspiration du privé, certes, mais voit ses modalités adaptées à la particularité de l'action administrative. Cette adaptation n'est pas encore complète, certaines dispositions étant encore sujettes à interprétation. Bien qu'inscrite dans un renouveau permanent du dialogue social, la réforme de 2019 impose de revoir en partie l'architecture de la production du droit de la fonction publique. Des fissures dans ses fondations les plus robustes lézardent déjà l'édifice.

Paragraphe 2 : Les risques d'un « dumping négocial »

La négociation collective est souvent présentée comme une opportunité inespérée pour les agents de faire valoir leurs droits. Mais la négociation collective a-t-elle vraiment une utilité dans la fonction publique ? Celle-ci a su se réformer, y compris pour arriver à la loi TFP, sans recourir aux accords collectifs. La négociation collective ne comble pas réellement un vide. Le consensualisme a déjà été de mise dans l'histoire du droit de la fonction publique. Les solutions qu'apporte la négociation collective font quelque peu doublon (A), et fragmentent territorialement le droit plus que de raison (B).

A) Un doublon du consensualisme

Les grands changements de la fonction publique sont attribués aux grandes lois : le statut de 1946 de Maurice Thorez, les lois statutaires d'Anicet Le Pors de 1983, 1984 et 1986, les diverses lois relatives au dialogue social déjà évoquées, la loi déontologie de 2016, et la loi TFP du 6 août 2019 pour ne citer que les plus célèbres. Signées par les ministres compétents et rédigées par leurs services, tant le nom de ces lois que leur plume appartiennent au gouvernement de l'époque. L'étude de la partie immergée du droit fait remonter une vision moins verticale de l'édiction de ces normes. Le processus de création de ces normes comporte une participation des agents publics à leur conception. Les accords de Bercy, le protocole Oudinot ou Durafour sont autant d'interventions « du bas » guidant les gestes « d'en haut ». Bon nombre de points de la loi sont obtenus à la suite d'un consensus entre syndicats et dirigeants. Cette participation disparaît peut-être du fait du désintérêt de l'opinion publique pour les discours techniques autour des tables rondes, et par le truchement de l'acte unilatéral[82] transposant en droit les accords en coulisse.

La négociation collective dans la fonction publique est bien une révolution formelle, mais cette révolution doit toutefois être nuancée. La négociation des normes peut aussi reposer plus simplement sur l'écoute des besoins des employeurs et employés publics, ou sur leur consultation lors de la procédure de rédaction des textes réglementaires. La contractualisation du dialogue social a paradoxalement quelque chose de rigide. La méthode même de négociation peut faire l'objet d'accords-cadres[83], les parties négociant sur la façon de négocier. Cette raideur du système de négociation est tempérée à l'article L. 222-4 du CGFP, lequel reconnaît la possibilité pour les organisations syndicales représentatives de participer aux négociations portant sur tout domaine ne relevant pas de la négociation collective issue de la loi TFP. Un rappel de ce que les consensus sont toujours possibles en dehors de la négociation collective.

[82] A. Taillefait, prec.
[83] Article L. 222-2 du CGFP.

Il serait infondé de prétendre que la négociation n'a aucune utilité. La négociation collective apporte un cadre formel aux arrangements. La décentralisation des négociations par le biais des accords locaux et de proximité épargne la fonction publique des normes trop générales et inadaptées au terrain. Le choix de recourir à la production plurilatérale de normes représente d'une part une érosion de la logique statutaire, le fonctionnaire n'étant plus dans une situation seulement statutaire et réglementaire. La négociation collective est aussi l'occasion de purger le statut des règles ne correspondant pas à son essence. La pertinence de contenir dans un même ensemble normatif des dispositions générales emblématiques des exigences du service public, et des dispositions salariales et procédurales de détail est souvent questionnée. La clé de répartition entre le statut et la négociation collective pourrait être celle-ci. Au statut iraient les dispositions fondant et encadrant la supériorité de l'administration et l'intérêt général qu'elle sert sur l'agent et ses intérêts privés. À la négociation collective serait attribuée la détermination de l'équilibre économique de la relation de travail. Au statut donc l'exorbitant et à l'accord collectif le commun. Ces deux modalités de l'entente entre employeur et employé ne sont pas non plus dénuées de tout lien. La négociation collective n'a pas vocation à éclipser le consensus autour des grandes réformes légales.

Des instances de dialogue social participent encore à la production normative. Au niveau local, les comités sociaux se prononcent toujours sur les choix collectifs. Au niveau national, les grandes lois nécessitent l'avis des conseils supérieurs et du Conseil commun de la fonction publique. Un doublonnage se profile cependant à travers ces instances chargées de rendre un avis sur les textes concernant l'un des versants de la fonction publique ou commun à plusieurs d'entre eux. Le Conseil commun de la fonction publique (CCFP) se prononce par principe sur les projets de loi, d'ordonnance ou de décret communs à au moins deux des trois fonctions publiques[84]. Le Conseil supérieur de la fonction publique territoriale (CSFPT) est consulté sur les textes législatifs ou réglementaires concernant la fonction publique territoriale[85]. Ces instances sont composées de représentants du personnel et des employeurs publics. En se prononçant sur des projets de textes, ils fournissent des observations et émettent des propositions sur les réformes de la fonction publique. Les textes publiés au journal officiel ne sont, de ce fait, jamais purement unilatéraux. Il en est de même du travail parlementaire, qui repose de plus en plus sur des études d'impact et des consultations dans le but d'une meilleure prévisibilité et acceptabilité du droit. L'un des impacts de la négociation collective mérite par ailleurs d'être étudié plus attentivement, celui de la territorialisation du droit de la fonction publique.

B) Vers une territorialisation des droits ?

En laissant à chaque employeur public le soin de reconnaître ou non des droits en matière salariale, ne risque-t-on pas de perdre l'essence du droit de la fonction publique ? Le droit privé du travail s'est fondé en réaction à une inégalité de fait qu'il fallait gommer. Le droit de la fonction publique a historiquement été conçu pour reconnaître et encadrer cette inégalité, pour la fonder tout en en traçant les limites. L'un des objectifs de ce domaine du droit, décliné jusque dans le bloc constitutionnel, a été la promotion de l'égalité entre les agents du service public. Cela a pris la forme, par exemple, de la création d'un statut

[84] Article L. 242-1 du CGFP.
[85] Article L. 244-1 du CGFP.

et du monopole des actes législatifs et réglementaires dans la définition des règles applicables. Bien qu'égalitaire, la fonction publique a toujours convenu de certaines nuances, notamment lorsque les différences de traitement sont restreintes et justifiées. Comme observé précédemment, le contrat instaure une forme d'inégalité, limitée et justifiée par la différence de situation dans laquelle se trouvent les agents contractuels face aux fonctionnaires. Or, la négociation collective trouve moins de justifications pour les inégalités qu'elle implique. À l'instar de la négociation collective privée, la négociation collective dans la fonction publique peut faire apparaître des inégalités entre agents et entre employeurs selon la force de négociation de chacun.

C'est surtout un risque d'inégalité entre employeurs qui est à craindre, les collectivités territoriales n'ayant pas les mêmes moyens de négociation et ne pouvant s'aligner toutes sur les avantages accordés par les plus grandes collectivités, voire par l'État. Les collectivités les moins attractives pourraient se voir encore distancées sur le marché de l'emploi territorial. Or, les collectivités publiques ne se trouvent pas dans une situation de concurrence dans l'exercice de leurs missions. Elles concourent ensemble à la poursuite de l'intérêt général, et n'ont pas vocation à se disputer les profils potentiels. Dès lors que le droit se fragmente sur le territoire national, l'attractivité de chaque territoire le composant varie. C'est l'enseignement des cas de dumping fiscal ou dumping social. Les territoires les moins-disants sur le plan de la fiscalité ou des garanties accordées aux travailleurs deviennent plus profitables pour les entreprises. Ici, c'est le risque de voir les collectivités les plus à l'aise financièrement utiliser la négociation collective pour attirer les profils intéressants, au détriment de celles ne pouvant suivre la mise.

Cette concurrence dans la négociation collective intéresse aussi les rapports entre les trois versants de la fonction publique. Notamment, la fonction publique de l'État et la fonction publique territoriale partagent matériellement certains emplois, malgré le découpage différent des corps et cadres d'emplois. On peut retenir les postes d'attachés d'administration et d'attachés territoriaux ou les postes d'ingénieurs d'étude et d'ingénieurs territoriaux pour ne citer que ceux-là. Les avantages accordés dans l'une des fonctions publiques risquent d'être comparés à ceux de l'autre versant. Cette crainte doit néanmoins être nuancée. D'une part, la particularité des emplois de la fonction publique hospitalière, dans les tâches accomplies comme dans l'environnement de travail, la rend en partie imperméable à ce phénomène.

Les besoins en ressources humaines sont aussi différents entre la fonction publique d'État et la fonction publique territoriale. La fonction publique d'État comporte une majorité d'agents de catégorie A, alors que la fonction publique territoriale est composée à plus de 70 % d'agents de catégorie C. L'observatoire de l'emploi fait néanmoins remonter une très forte demande d'agents de catégorie A et B, sur-représentés dans les offres d'emploi et des difficultés à les recruter. D'autre part, le choix d'une fonction publique ou d'une autre peut être lié à une vocation, ou n'être même pas réfléchi en termes de garanties salariales. Le désir de travailler dans un ministère précis ou pour une collectivité locale déterminée n'est pas à sous-estimer. Ce phénomène d'attraction présuppose de plus que les candidats aient la moindre connaissance des accords collectifs applicables.

À l'heure où une bonne partie des agents ne connaissent pas leurs droits statutaires malgré le travail des syndicats, il est peu probable qu'ils lisent au contraire les conventions collectives. D'autant plus que les conventions collectives en cause, c'est-à-dire les conventions collectives locales ou de proximité, ont comme effet pervers une multiplication des textes applicables à la relation de travail. Il est ainsi souvent rappelé que l'inflation du Code du travail se double d'un émiettement des conventions collectives[86]. L'émiettement des collectivités territoriales fait craindre dans cette perspective que le dialogue social se transforme en brouhaha des accords collectifs. Néanmoins, ce morcellement des droits[87] a été limité dès 2019. D'une part, les accords collectifs menant à des changements réglementaires ne portent que sur 14 domaines d'attribution. Cette liste est plus exhaustive que celle des conventions collectives privées limitées par les seules dispositions d'ordre public. Ces domaines d'attribution sont toutefois relativement larges, allant de la carrière et de la formation à la protection de la santé et de la sécurité des agents, en passant par des mesures de lutte contre le réchauffement climatique.

Ils ne concernent pas la définition des grilles indiciaires notamment. Le domaine de la négociation collective ne couvre pas les domaines de la compétence exclusive du législateur, comme la détermination des garanties fondamentales accordées aux fonctionnaires de l'État de l'article 34 de la constitution ou touchant à l'encadrement de la libre administration des collectivités territoriales de l'article 72. Ces accords n'ont pas vocation non plus à concerner les décisions individuelles. Autre garantie de poids contre la fracture des territoires, la négociation collective peut s'effectuer au niveau des centres de gestion pour les collectivités affiliées sans comité social propre. Le dispositif prévu à l'article L. 224-3 du CGFP

---

[86] Réponse ministérielle n° 514 du 9 octobre 2007, JOAN p. 6181.
[87] F-X. Fort, « Négociation collective dans la fonction publique – Année 0 », Droit social 2021 p. 649.

ouvre à ces centres la possibilité d'informer les collectivités des enjeux de la négociation collective et de participer à l'uniformisation des garanties issues de la négociation collective. Le CDG 33 s'est ainsi déjà préparé à accueillir les acteurs de la négociation collective. Ce mécanisme comporte un défaut, celui de ne pas inclure les grandes collectivités dans cette négociation centralisée au niveau du Centre de gestion. Dans le cas du CDG 33, le cœur de la métropole bordelaise, pôle d'attractivité des fonctionnaires, négociera seul ses conventions, dès la réforme de ses instances représentatives en place.

Section 2
La réforme des instances représentatives : une inspiration privatiste à nuancer

L'existence d'instances représentatives dans la fonction publique n'est pas à attribuer à une réforme récente. Cependant, leur organisation et leurs compétences ont été progressivement revues. Les derniers changements des instances représentatives témoignent d'une certaine inspiration privatiste (A), mais ne reviennent pas sur les spécificités des instances de la fonction publique territoriale (B).

Paragraphe 1 : Une organisation rationalisée à l'image des instances privées

Les institutions de la fonction publique sont en cours de réforme. Suivant la trace des instances privées de dialogue social (A), les instances représentatives publiques connaissent des changements de fond et de forme. Pour autant l'inspiration du droit privé n'est que relative (B).

A) La réforme en parallèle des instances publiques et privées

Les réformes de l'organisation des instances représentatives de la fonction publique semblent suivre avec un léger décalage celles des instances du droit privé du travail. Peut-être à cause des maux dont elles sont toutes affligées : surnombre, chevauchement des compétences, complexité. L'étude d'impact de la loi TFP pointait du doigt la segmentation et la complexification excessive des instances, avançant le chiffre de 22 000 instances selon la DGAFP. C'est donc dans la même loi posant la négociation collective et la fragmentation du droit applicable en découlant, que le législateur a jugé bon de réduire considérablement le nombre d'instances.

La solution est louable sur le plan de la lisibilité du droit et de la sécurité juridique. La multiplication des instances et le chevauchement de leurs compétences rendent les saisines périlleuses sur certaines questions, exposant les actes au vice de procédure, car pris sur avis d'une instance incompétente. Il est utile de rappeler sur ce point la jurisprudence Danthony du Conseil d'État[88]. La juridiction administrative suprême ouvre dans cet arrêt une porte de sortie pour les autorités administratives n'ayant pas respecté une formalité procédurale, dès lors que le vice de procédure invoqué n'a pas été susceptible d'exercer, en l'espèce, une influence sur le sens de la décision prise et n'a pas privé les intéressés d'une garantie. Dans l'espèce de l'arrêt Danthony, était justement en cause l'absence de consultation d'un comité technique, cette instance amenée à se prononcer sur les décisions de portée collective et d'organisation du service des administrations. Se fondant sur le principe de participation des travailleurs à la détermination collective des conditions de travail consacré par le huitième alinéa du Préambule de la Constitution de 1946, le Conseil d'État qualifie cette saisine de garantie. L'acte en l'espèce en devient illégal. La confusion des instances ou leur oubli s'avère fatal dans cette hypothèse.

La sécurité juridique des actes des autorités publiques souffrait du dédoublement des instances compétentes pour connaître des conditions collectives de travail, comité technique (CT) et comité d'hygiène, de

[88] CE, 23 décembre 2011, *Danthony*, n° 335033.

sécurité et des conditions de travail (CHSCT) se partageant la compétence. La confusion était d'autant plus facile que les CT et CHSCT étaient, pour les collectivités affiliées, placés près le centre de gestion. Les locaux des centres de gestion accueillent encore les deux instances, et exercent simultanément la mission de secrétariat pour l'une et l'autre. Les centres de gestion présentent ainsi, à l'instar de Janus, deux visages. S'adresser au bon est un tracas superflu que chaque acteur n'aura plus à endurer. La loi TFP procède à une fusion des instances, par l'absorption du CHSCT par le CT. La méthode retenue est calquée sur les récents changements des instances de participation privée. Ainsi, le comité technique et son CHSCT ont été refondus en comités sociaux, à l'image des comités sociaux et économiques, issus des ordonnances Macron[89], généralisés dans les entreprises en 2020. Pour la fonction publique territoriale, le comité social territorial (CST) verra le jour au prochain renouvellement des instances représentatives. Les élections professionnelles de la fin d'année 2022 seront les premières sous l'empire de la loi TFP, et les premiers CST naîtront début 2023. Ces nouveaux habits du dialogue social[90] issus de la loi TFP ont été réajustés par un décret du 10 mai 2021[91]. Reprenant en grande partie les dispositions applicables aux CT, les textes relatifs aux nouveaux CST ont intégré le régime des CHSCT.

Tout comme le CSE de droit privé, le CST de droit public se voit attribuer les compétences du CHSCT. Plus précisément, le CST exerce désormais en propre les

[89] Ordonnance n° 2017-1387 du 22 septembre 2017 relative à la prévisibilité et la sécurisation des relations de travail.
[90] S. Niquège, « Les nouveaux habits du dialogue social », RFDA 2020 p. 276.
[91] Décret n° 2021-571 du 10 mai 2021 relatif aux comités sociaux territoriaux des collectivités territoriales et de leurs établissements publics.

compétences pour connaître des questions relatives à la protection de la santé physique et mentale, à l'hygiène et à la sécurité des agents au travail, dès lors qu'aucune formation spécialisée en matière de santé, de sécurité et de conditions de travail (FSSCT) n'a été instituée au sein du CST. La FSSCT est la reprise institutionnelle de l'ancien CHSCT, à ceci près que sa mise en place est moins fréquente. Le CST est formé comme le CT dans les collectivités d'au moins 50 agents, et auprès du CDG pour les collectivités affiliées. La FSSCT est instituée à partir de 200 agents[92], là où le CHSCT était, lui aussi, instauré à partir de 50 agents.

Le rehaussement du seuil est logique avec l'idée de réduction du nombre d'instances. Des exceptions pour les services départementaux d'incendie et de secours sont mises en place au regard de la place particulière de la santé et de la sécurité des pompiers. Une possibilité est ouverte de créer une FSSCT lorsque des besoins particuliers le justifient. Le nouveau CST reprend indubitablement le modèle du CSE, sans pour autant en oublier les particularités de certains services publics. Animés par la même considération de réduire le nombre d'instances de participation, les secteurs publics et privés ont opéré des réformes similaires des instances de dialogue social.

B) Un mimétisme relatif

La temporalité des deux réformes fait toutefois douter d'un alignement « par principe » du public sur le privé. Comme en matière de prise en compte des troubles psychosociaux ou au sujet de l'égalité homme-femme, la prise de conscience est commune dans l'ensemble de la

[92] Article L. 251-9 du CGFP.

société. Le CSE, création récente, est loin d'être un totem du monde de l'entreprise. La volonté de calquer le CST sur le CSE n'est pas tellement une lubie soudaine du législateur. Il n'y a point-là de mécanisme public grippé et archaïque attendant, après des décennies de retard, la réforme salvatrice. Le passage d'un comité technique et d'un comité d'entreprise à un comité social territorial et un comité social et économique note un rapprochement terminologique, certes. Mais le CHSCT existait tel quel, lettre pour lettre, dans les vocabulaires publics et privés sans émouvoir. La proximité terminologique était déjà là depuis l'instauration des anciennes institutions et n'a pas grand-chose de nouveau. La similitude procède plus d'un manque d'inspiration sur ce point. D'autant que l'appellation du CST n'est pas trompeuse en elle-même. Le rapprochement terminologique participe à la clarté du droit, notamment pour les travailleurs passant d'un secteur à l'autre, phénomène encouragé aujourd'hui mais ne datant pas d'hier. Au regard de l'auteur des ordonnances Macron de 2017, et l'identité du président en exercice au moment de la loi TFP, la proximité terminologique ne surprend pas. Le mimétisme du droit privé est alors à relativiser.

De plus, les réformes des instances de la fonction publique territoriale ne sont pas toutes dictées par un mimétisme du secteur privé. Par exemple, les commissions administratives paritaires (CAP) et les commissions consultatives paritaires (CCP) de la fonction publique territoriale, n'ayant pas d'équivalent en droit privé, vont voir leurs formations par catégorie hiérarchique fusionnées en une seule formation. La justification semble ici se trouver du côté de la difficulté de mobiliser des représentants du personnel, notamment en CCP, et non du côté d'un parallèle avec le droit privé. Le quorum est rarement atteint chez les représentants du personnel des CCP. Il nécessite au moins un représentant du collège des représentants du personnel. Cette condition n'est pas issue du principe de participation, qui ne concerne que les décisions collectives d'une part, et relatives à la détermination des conditions de travail d'autre part. Les CAP et CCP étant des institutions se prononçant sur des décisions individuelles, le principe n'est pas applicable. Il s'agit plus d'une garantie procédurale pour l'agent contre le risque d'arbitraire, qu'il soit réalisé ou non, du collège des employeurs.

Les tableaux statistiques élaborés par le service des instances statutaires du CDG 33 sont catégoriques. De janvier 2019 à juillet 2022, 47 séances de CCP ont eu lieu. 7 reports faute de quorum se sont produits, notamment du côté des représentants du personnel. Dans sa formation disciplinaire, 12 conseils de discipline ont été organisés sur la même période. 9 reports sont à signaler. Presque 15 % des séances ordinaires des CCP et 75 % des conseils de discipline ont dû être décalés. Les raisons sont multiples et ne comprennent pas un quelconque manque d'assiduité des représentants du personnel, dont 3 membres sur 4 proviennent au passage d'une seule et même collectivité, mettant à mal le principe représentatif.

La première raison semble liée à la nature des contrats signés par les agents non titulaires. Par principe, les agents contractuels de la fonction publique territoriale sont recrutés sur des CDD. Le recours direct aux CDI appliqué dans la fonction publique étatique pour les postes liés à l'enseignement et la recherche ou sur les emplois à temps incomplet d'une durée de travail inférieure ou égale à 24 heures 30 (CDI « 70 % »)[93]. Un échantillon plus faible de contractuels de longue durée amène mécaniquement à une baisse du nombre de représentants du personnel potentiels.

---

[93] Article L. 332-3 du CGFP.

En effet, il est mis fin au mandat du représentant du personnel s'il perd les conditions pour être électeur, autrement dit si son contrat arrive à terme. Les agents en CDD peuvent être représentants, mais leur mandat arrivera à terme avant le prochain renouvellement. La seconde raison est tout aussi pratique. Un représentant du personnel a besoin, pour exercer convenablement ses missions, d'une expérience de l'environnement territorial, d'une connaissance au moins sommaire des règles du droit de la fonction publique, et du soutien d'un syndicat. Rien de cela ne peut raisonnablement être obtenu sur un premier contrat court.

Face à ces difficultés de mobilisation des agents, outre le recours accru au CDI, il est en ce moment tenté de fusionner les CCP des différentes catégories. L'espoir est de trouver à chaque CCP au moins un agent, quelle que soit sa catégorie, pour représenter le collège des agents. Lever la condition de quorum n'est pas envisageable, cette règle procédurale étant une garantie pour l'agent, participant à la légitimité des avis des CAP et CCP. Décorréler le mandat de la qualité d'électeur, et donc de la qualité d'agent contractuel des représentants, ne résoudrait qu'à moitié le problème. Cette solution constituerait une autre attaque contre le paritarisme, le fait d'être jugé par ses pairs, pratique censée donner à l'instance une connaissance de la réalité des fonctions exercées par l'agent entendu. Le Conseil d'État définit dans sa jurisprudence classique le principe de paritarisme, appliqué aux instances de gestion de la fonction publique, comme le principe selon lequel un agent d'un grade donné ne peut apprécier la manière de servir d'un agent d'un grade hiérarchiquement supérieur[94]. Certes, la fin de la CCP par catégories porte aussi atteinte

[94] CE, Ass., 20 mars 1985, *Association nationale des infirmières générales et autres*, n° 41405.

au principe du paritarisme, mais dans des proportions moindres dans la mesure où l'agent voit au moins son cas examiné par des agents soumis au même statut au moment de l'avis de la CCP. Le maintien des représentants dont le contrat arrive à terme implique dans le même temps que l'agent veuille bien continuer à exercer ces fonctions, sans voguer vers d'autres horizons.

La solution de fusionner les CCP, ou plutôt de supprimer la distinction par groupes hiérarchiques, est originale, et mobilise seulement des mécanismes de droit public, sans mimétisme du droit privé. Du côté de la fonction publique étatique, la CAP autrefois organisée par corps va passer à une organisation par catégorie, prenant en exemple -et c'est assez rare pour le souligner- la CAP de la fonction publique territoriale. La fonction publique prouve par ce biais qu'elle sait se réformer sans calquer le modèle privé. Toute référence au modèle de l'entreprise n'en est pas effacée pour autant.

Paragraphe 2 : Des compétences repensées pour une gestion assouplie

L'entreprise, dont l'organisation est centrée sur la poursuite du meilleur profit, serait un modèle d'optimisation de la gestion des ressources humaines. L'une de ses caractéristiques la distinguant de la fonction publique est la liberté de ses managers, et l'absence d'instances de gestion propres aux décisions individuelles. C'est tout naturellement que le législateur a tenté de transposer cette logique à la fonction publique en transférant les compétences des instances de gestion directement aux managers publics (A). La perte de compétence de ces instances s'accompagne de la reconnaissance de nouvelles attributions, justifiées par les évolutions récentes de la société, sans mimétisme particulier du droit privé (B).

A) Des compétences recentrées vers plus de liberté des managers

Les compétences des institutions représentatives ont été récemment revues. Loin de n'être que des ajustements techniques aux nouveaux dispositifs, certains changements dans les compétences des institutions témoignent d'un rapprochement idéologique du management public vers le management privé. Affiché comme tel dans les motifs de la loi de transformation de la fonction publique, ce virage s'illustre pour la CAP par la perte de compétence en matière de changement d'affectation ou d'avancement de grade. La volonté de réduire les compétences des CAP trouve sa justification dans l'objectif de responsabiliser les managers locaux et leur laisser les marges de manœuvre nécessaires à la bonne gestion du personnel. Le dialogue social cède ici sa place au pouvoir de gestion des carrières des managers. Ce choix a une certaine logique et le transfert reste proportionné.

La gestion des carrières publiques avait déjà été la cible du rapport du Conseil d'État de 2003[95], au sujet de la fonction publique d'État. Y était critiquée la gestion peu anticipatrice, excessivement égalitaire et uniformisante des ressources humaines publiques. Dix ans plus tard, le rapport Pécheur du 29 octobre 2013[96] n'était guère plus élogieux. L'encombrement des CAP sur des questions de détail, sans importance et sans difficulté y était décrié. Repris par l'étude d'impact de la loi TFP, ce constat a inspiré le

---

[95] Rapport annuel du Conseil d'État, *Perspectives pour la fonction publique – Rapport public 2003*.

[96] B. Pêcheur, *Rapport sur la fonction publique*, 29 octobre 2013.

législateur à « recentrer » les compétences des CAP sur leurs missions essentielles. L'idée d'instaurer les CAP, ces instances réunissant employeurs et représentants du personnel donnant des avis sur la gestion individuelle des agents, aurait été d'aider à la gestion des agents par leurs managers et non de remplacer ces derniers. Bien que mettant un peu sous le tapis le rôle des CAP et CCP de prévention de l'arbitraire et des abus du droit de la fonction publique par les managers publics, sorte de contrôle par l'assistance plus que par la sanction, la justification avancée par les rédacteurs de la loi TFP n'est pas sans fondement. Il n'a jamais été du rôle des CAP et CCP de décider à la place des managers publics. Elles n'en ont pas le pouvoir, les avis de ces instances ne liant jamais l'autorité administrative. L'autorité administrative, en plus de l'obligation générale de motiver les décisions défavorables, doit tout spécialement motiver son refus de suivre l'avis d'un conseil de discipline par exemple[97]. Si l'ancien système laissait déjà le dernier mot au manager, à quoi bon lui transférer une partie des compétences des CAP et CCP ?

La raison est pratique. Si l'avis ne lie pas l'autorité administrative, la saisine est néanmoins obligatoire, la demande d'avis bloquant la procédure tant que l'institution ne s'est pas prononcée. Les managers publics se retrouvent alors à devoir attendre l'avis de commissions qu'ils savent engorgées et au sein desquelles les reports sont fréquents. Cette saisine apparaît d'autant moins utile pour certaines décisions suivies quasi-mécaniquement par les CAP. Il n'est pas question ici de dire que, ne sachant comment donner les moyens à ces institutions de traiter de l'ensemble des dossiers soumis, le législateur a préféré le modèle plus abordable du libre management des gestionnaires. Il y a dans ce choix une théorie managériale à l'œuvre. La réforme

[97] CAA Nancy, 1er février 2007, n° 06NC00485.

des compétences des CAP et CCP vient au soutien d'autres changements dans la gestion du personnel, comme l'essor de la mobilité et la gestion plus souple de la carrière des agents.

Les compétences de la CAP en matière de mobilité, de mutation, d'avancement, de promotion et de démission ont été singulièrement réduites. Deux mécanismes juridiques sont mobilisés. D'une part, la mention de ce que les fonctionnaires « *participent par l'intermédiaire de leurs délégués [...] à l'examen des décisions individuelles relatives à leur carrière* » de l'article 9 de la loi du 13 juillet 1983[98] disparaît au profit de celle, moins large, de la participation à « *l'examen de décisions individuelles dont la liste est établie par décret en Conseil d'État* ». La liste en cause est posée à l'article 37-1 du décret du 17 avril 1989[99] dans sa rédaction issue des décrets du 8 décembre 2020[100] et du 22 avril 2022[101]. D'une compétence de principe, quasi-clause générale de compétence en matière de décisions individuelles, la CAP ne garde qu'une liste d'attributions. Celle-ci ne comporte, d'autre part, aucune compétence dans certains domaines autrefois absorbés par la formulation générale. Afin d'assouplir et d'ouvrir la gestion des agents, la CAP dispose désormais d'une liste rigide et fermée d'attributions.

---

[98] Article 9 de la loi n° 83-634 portant droits et obligations des fonctionnaires.

[99] Décret n° 89-229 du 17 avril 1989 relatif aux commissions administratives paritaires des collectivités territoriales et de leurs établissements publics.

[100] Décret n° 2020-1533 du 8 décembre 2020 relatif aux commissions administratives paritaires et aux conseils de discipline de la fonction publique territoriale.

[101] Décret n° 2022-626 du 22 avril 2022 relatif au reclassement des fonctionnaires territoriaux reconnus inaptes à l'exercice de leurs fonctions.

Ce changement conséquent est adapté à l'objectif poursuivi de désengorger les instances et fluidifier la gestion des carrières. Les avis sans enjeux sont mis de côté, comme les décisions favorables sur certains thèmes. Ne sont soumises à avis, dans le cadre d'une sorte de recours non juridictionnel, que les décisions défavorables en matière de congé, de renouvellement du temps de travail, ou les comptes rendus d'entretien professionnel négatifs et refus de congés ou formations diverses. Cette position n'est pas sans rappeler la condition d'intérêt à agir devant le juge administratif. Quelques inquiétudes naissent dans la mise à l'écart de la CAP sur ces domaines. Favoriser la gestion « au fil de l'eau » ou « en temps plus resserré », et donc améliorer la réactivité de l'administration, n'est-il pas contradictoire avec la recherche d'une meilleure prévision dans la gestion des agents publics ? Notamment dans la fonction publique territoriale, dont une majorité d'employeurs a sa CAP placée près le centre de gestion, la CAP aurait pu être un lieu privilégié d'observation du respect concret des lignes directrices et autres documents aujourd'hui présentés au CST. À vouloir se débarrasser d'une instance s'incrustant mal dans un modèle entrepreneurial, les évolutions autonomes de la fonction publique perdent une instance d'application.

B) Des évolutions autonomes

La méthode privatiste qui sous-tend le transfert de responsabilité des CAP aux gestionnaires publics n'est pas le seul facteur d'évolution de ces instances. La préoccupation de l'efficience et de la gestion saine de la fonction publique est un enjeu important, mais pas exclusif, des métamorphoses publiques. Des prises de conscience récentes dans la société ont motivé l'extension des compétences des instances de gestion de la fonction publique. Il en va ainsi de l'égalité professionnelle entre femmes et hommes. Le plan d'action relatif à l'égalité professionnelle entre les femmes et les hommes, prévu à l'article 1er du décret du 4 mai 2020[102], est établi par l'autorité territoriale dans chaque collectivité territoriale et établissement de coopération intercommunale de plus de 20 000 habitants après consultation du comité social territorial. Après la parution des premières études sur les écarts salariaux entre femmes et hommes et la libération de la parole des femmes sur les cas de harcèlement, le législateur a multiplié les dispositifs d'observation et de prévention de ces inégalités. La thématique fait aujourd'hui l'objet d'une attention toute particulière des instances de dialogue social lorsqu'elles sont consultées sur les rapports en traitant.

L'utilité de ces dispositifs s'étend au-delà de la simple information du comité. Le CDG 33 et les centres partenaires en tirent les informations utiles pour présenter, dans les rapports sur l'observation de l'emploi territorial mentionnés précédemment, des statistiques précises sur l'égalité professionnelle. Le panorama départemental de l'emploi public territorial de la Gironde rappelle qu'une majorité de femmes (à 60 %) compose la fonction publique territoriale. L'emploi féminin se concentre dans les filières médico-sociale (94 %), administrative (82 %) et de l'animation (71%), et délaisse les filières de la gestion des incendies et des secours (4 %), de la police municipale (28 %) et du sport (31 %). Les compétences des instances de dialogue social et l'utilité de leur travail n'ont donc pas évolué selon un modèle unique tiré du droit privé du travail. Des outils propres au secteur public sont mobilisés

[102] Décret n° 2020-528 du 4 mai 2020 définissant les modalités d'élaboration et de mise en œuvre des plans d'action relatifs à l'égalité professionnelle dans la fonction publique.

quotidiennement, comme dans les centres de gestion, afin de suivre les changements de la société.

L'un des changements majeurs de ce siècle en matière d'organisation du travail est immanquablement la numérisation de la société. Sur ce terrain aussi, les instances de dialogue social se sont adaptées sans besoin de recourir à une procédure issue du Code du travail. La période de la crise sanitaire a été l'occasion de mobiliser des dispositions de droit public pour organiser la continuité des instances de dialogue social lors des confinements successifs. Le Service Juridique-Documentation du CDG 33 a été par ailleurs saisi d'une demande d'analyse relative au recours à la visioconférence pour le tirage au sort des membres du jury d'un examen professionnel. Cette analyse fut l'occasion de rappeler le droit applicable aux instances statutaires. L'ordonnance du 24 décembre 2020[103] et son décret d'application du même jour[104] ouvraient une voie de recours, temporaire, à l'organisation par visioconférence des opérations des concours et des instances de dialogue social. En dehors de la période mentionnée, le service a considéré que l'ordonnance du 6 novembre 2014[105] et son décret d'application du 26 décembre 2014[106] permettaient, sans limite *rationae temporis,* de recourir à la

---

[103] Ordonnance n° 2020-1694 du 24 décembre 2020 relative à l'organisation des examens et concours pendant la crise sanitaire née de l'épidémie de covid-19.

[104] Décret n° 2020-1695 du 24 décembre 2020 pris pour l'application des articles 7 et 8 de l'ordonnance n° 2020-1694 du 24 décembre 2020 relative à l'organisation des examens et concours pendant la crise sanitaire née de l'épidémie de covid-19.

[105] Ordonnance n° 2014-1329 du 6 novembre 2014 relative aux délibérations à distance des instances administratives à caractère collégial.

[106] Décret n° 2014-1627 du 26 décembre 2014 relatif aux modalités d'organisation des délibérations à distance des instances administratives à caractère collégial.

visioconférence, ces textes le permettant pour les instances collégiales sans distinction.

Les mutations des instances de dialogue social ne sont pas les symptômes d'une fonction publique malade, pour laquelle l'alignement sur les institutions privées serait le seul remède à ses maux. Les CAP, CCP et CST ont, d'une part, leurs propres difficultés et, d'autre part, des problèmes similaires à ceux de leurs homologues du secteur privé. Loin de n'avoir rien à apprendre du monde de l'entreprise ni d'être totalement dépassée, la fonction publique doit intégrer dans sa conception que l'opportunité de recourir aux méthodes du droit privé du travail repose sur un savant mélange d'humilité et de connaissance de soi.

Le plurilatéralisme dans la fonction publique est finalement bien un changement majeur. Du contrat à la négociation collective, les actes plurilatéraux ont pris en importance dans les réformes récentes. Rognant sur l'égalitarisme de la fonction publique, changeant le visage de ses instances, les dispositifs inspirés du droit privé apportent des solutions risquées mais utiles aux problèmes d'attractivité de la fonction publique. Particulièrement exposée à la territorialisation du droit, la fonction publique territoriale est mise au défi d'utiliser ses outils avec parcimonie sans en oublier ses instruments classiques. L'inspiration privatiste n'est donc ni à exclure ni à encenser, mais à réfléchir. Les outils des organisations privées, comme les conditions de travail qu'elles proposent, ont chacun des apports variables.

Partie 2
Les conditions de travail, une préoccupation du droit privé aux apports variables dans la fonction publique territoriale

La qualité de fonctionnaire et le but du statut ont à l'origine été définis avec le service public en première ligne. Les conditions de travail n'étaient pas pensées en elle-même comme centrales dans la définition du régime des fonctionnaires. La santé au travail a rapidement été réglementée par une application directe d'une partie des dispositions de droit privé en matière de santé et sécurité (Chapitre 1). À l'inverse, la valorisation du travail a connu un développement tardif, mais pensé en miroir du droit privé (Chapitre 2).

Partie 2

Chapitre 1
L'application parcimonieuse du droit privé en matière de santé au travail

La santé au travail se distingue des autres domaines de la relation de travail publique par l'application parcimonieuse du droit privé. Le recours au droit privé en matière de santé au travail est direct en ce qui concerne les obligations de santé et sécurité au travail (Section 1). Toutefois, l'organisation des instances médicales de la fonction publique reste résolument publique (Section 2).

Section 1
Un parallèle opportun entre les régimes privés et publics de santé au travail

Les régimes public et privé de santé au travail ont beaucoup en commun. Ce parallèle est d'autant plus opportun que les besoins en matière de santé au travail sont identiques (Paragraphe 1). Les évolutions des préoccupations en matière de santé sont alors d'autant plus facilement prises en compte dans la fonction publique, à l'image de l'essor de la médecine préventive (Paragraphe 2).

Paragraphe 1 : Des obligations identiques dans des situations identiques

L'action des administrations et celle des entreprises sont résolument différentes dans leurs buts. Matériellement pourtant, le travail des agents publics et celui des salariés privés ont beaucoup en commun. La proximité est d'autant plus prononcée dans la fonction publique territoriale au regard des missions des collectivités territoriales, plus distantes des missions régaliennes que la fonction publique d'État. L'égalité de fait avec les travailleurs du privé en matière de risques pour la santé implique une large égalité de droit (A). Le droit européen a été sur ce point un facteur majeur du rapprochement des obligations de santé et sécurité de tous les travailleurs (B).

A) Une égalité de droit pour une égalité de fait

Les risques auxquels sont confrontés les agents publics se recoupent avec ceux auxquels sont exposés les salariés du privé. Notamment, les agents de la filière technique sont soumis aux risques de blessures physiques à l'instar de nombreux techniciens du privé. L'identité des obligations en matière de protection du travailleur prend alors son sens de par l'identité des risques, et le besoin de protéger la santé du travailleur indépendamment de la nature de son employeur. La santé du travailleur a progressivement gagné en considération dans les évolutions du droit du travail et de la fonction publique. En tant qu'elle sauvegarde un facteur de production ou un élément essentiel de la continuité du service, la protection de la santé du travailleur a progressivement été comprise comme un impératif rationnel. Le tout sans négliger évidemment la dimension humaine de la relation de travail.

L'intégration des obligations de protection de la santé et de la sécurité de l'agent public s'est glissée timidement dans le droit de la fonction publique, pour finir par reposer sur un renvoi au droit privé. Les dispositions relatives à la santé n'étaient pas abondantes à la naissance du statut. Avant 2007, seuls quelques articles relatifs au CHSCT, appelé plus simplement à l'époque comité d'hygiène et de sécurité, contenaient les embryons d'une protection de la santé et avaient trait au reclassement du fonctionnaire inapte. La loi du 19 février 2007 relative à la fonction publique territoriale[107] accroît significativement l'importance de la santé du travailleur dans la loi statutaire du 26 janvier 1984 en consacrant un chapitre XIII à l'hygiène, la sécurité et la médecine préventive. L'article 108-1 ainsi introduit détermine les règles applicables en matière d'hygiène et de sécurité par un renvoi aux dispositions du Code du travail. Plus précisément, le titre III du livre II du Code du travail (aujourd'hui partie IV, livres I à V) et les décrets pris pour son application sont concernés. Le législateur, conscient de la proximité des situations entre travailleurs publics et privés, leur applique ce faisant un régime semblable en matière de protection de

[107] Loi n° 2007-209 du 19 février 2007 relative à la fonction publique territoriale.

la santé. Lucide sur les particularités des missions de la fonction publique, le législateur aménage en même temps une possibilité de dérogation par décret en Conseil d'État.

Les articles 108-2 et 108-3 organisent au niveau législatif quelques particularités du régime public sans référence au Code du travail, en précisant les modalités de création et les missions des services de médecine préventive, et les conditions de nomination et d'attributions des agents chargés d'assurer, sous la responsabilité de l'autorité territoriale, la mise en œuvre des règles d'hygiène et de sécurité. La loi du 5 juillet 2010 relative à la rénovation du dialogue social mentionnée supra au sujet de la négociation collective et des instances de dialogue social, renomme le comité d'hygiène et de sécurité en ajoutant à son appellation les conditions de travail et étend ses compétences. La prise en compte des conditions de travail n'est pas neutre, comme il sera détaillé plus loin. De même, le dialogue social nourrit la réflexion publique sur la santé au travail par la conclusion de l'accord du 20 novembre 2009 sur la santé et la sécurité au travail, et le protocole d'accord du 22 octobre 2013 relatif à la prévention des risques psychosociaux. Avec la nuance tenant à l'absence de valeur juridique contraignante de ces accords, leur conclusion approfondit l'infiltration de la protection de la santé des agents dans la fonction publique, en empruntant encore une fois un outil d'inspiration privatiste.

Le récent plan santé au travail dans la fonction publique[108], pris à la suite du rapport Lecocq du 28 août 2018[109], continue le mouvement sans relever à proprement parler du dialogue social, le plan n'ayant pas de valeur

---

[108] Plan santé au travail dans la fonction publique, présenté par la ministre de la Transformation et de la fonction publiques le 14 mars 2022.

[109] C. Lecocq, *Rapport sur la santé au travail*, 28 août 2018.

juridique contraignante pour les employeurs. Ce premier plan pour la fonction publique est l'héritier des quatre plans déjà dessinés en droit privé du travail, et illustre tant le retard que le rattrapage de la fonction publique. L'ordonnance « santé » du 25 novembre 2020 constitue la dernière grande réforme de fond des obligations en matière de santé et sécurité, avec des liens moins évidents au droit privé, mettant à jour le statut des changements des instances médicales, et étendant les droits à congé pour raison de santé ou encore les possibilités de passage à temps partiel thérapeutique. Une grande partie de la protection de la santé des agents publics demeure régie par un ensemble de textes de droit privé ou s'en inspire grandement. Si quelques retards sont à signaler, le secteur public a néanmoins connu une large et rapide extension des obligations de santé et de sécurité. Le droit de la fonction publique ne serait pas à ce niveau de maturité sans l'influence du droit international et européen.

B) L'influence relative du droit international et européen

Le droit international est une source juridique incontournable dans bien des domaines. Le droit de la relation de travail n'y échappe pas. D'autant que des institutions spécialisées ont vocation à assurer aux travailleurs un ensemble de droits des plus fondamentaux, principalement l'Organisation internationale du travail (OIT). Créée au sortir de la première guerre mondiale afin d'assurer un minimum de droits aux travailleurs, l'OIT est depuis 1946 une agence spécialisée de l'Organisation des Nations unies. Ses études informent travailleurs et employeurs du monde sur l'état du travail dans le monde, tandis que les conventions[110] et recommandations[111] qu'elle propose orientent la législation des États.

Cependant, son apport en France est faible, l'État français n'ayant pas ratifié à ce jour la convention concernant la sécurité, la santé des travailleurs et le milieu du travail depuis 1981. Ces conventions n'ont pas d'effet juridique contraignant tant qu'elles ne sont pas ratifiées. Combinée au régime général des traités internationaux non ratifiés, cette règle amène le juge à rejeter l'invocabilité directe de ces textes internationaux[112]. Or, la 110ème conférence générale de l'OIT de 2022 a donné naissance à la résolution du 10 juin 2022[113], érigeant la garantie d'un milieu de travail sûr et salubre au rang des principes fondamentaux de l'OIT. Ces principes fondamentaux, listés par la déclaration de l'OIT de 1998[114], s'appliquent aux États indépendamment de toute ratification. Les conventions portant sur ces droits fondamentaux peuvent être déclarées fondamentales. Les principes qu'elles posent s'imposent alors de plein droit aux États membres, qu'ils aient ratifié les conventions ou non. La convention sur la sécurité et la santé des travailleurs susmentionnée est déclarée fondamentale par la déclaration du 10 juin 2022, au même titre que la convention de 2006 sur la promotion de la sécurité et de la santé au travail[115].

---

[110] Convention n° 155 relative à la sécurité et à la santé des travailleurs, 1981.

[111] Recommandation n° 164 sur la sécurité et la santé des travailleurs.

[112] CAA Lyon, 18 avril 2017, n° LY04066.

[113] Résolution concernant l'inclusion d'un milieu de travail sûr et salubre dans le cadre des principes et droits fondamentaux au travail de l'OIT du 10 juin 2022.

[114] Déclaration de l'OIT relative aux principes et droits fondamentaux au travail, 1998.

[115] Convention n° 187 sur le cadre promotionnel pour la sécurité et la santé au travail, 2006.

Ces conventions deviennent ainsi applicables en France et dans le reste des pays membres. Notamment, l'article 9 de la convention de 1981 impose un contrôle par les États du respect du droit du travail par tout employeur, sans distinguer entre les employeurs publics et privés. Le droit de l'OIT, peu médiatisé ou étudié, fait donc bien partie des sources du droit du travail privé et de la fonction publique et implique, faute de distinguer entre les travailleurs, la reconnaissance de droits identiques.

Plus explicite encore sur l'égalité des travailleurs publics et privés, le droit européen a singulièrement influencé la législation du travail en France. La définition européenne du travailleur, et des obligations de son employeur en matière de santé, ne distingue pas selon la nature de l'employeur. Comme abordé plus en amont, le juge européen, notamment du côté de l'Union Européenne, considère que la relation de travail est caractérisée par la « *circonstance qu'une personne accomplit, pendant un certain temps, en faveur d'une autre et sous la direction de celle-ci, des prestations en contrepartie desquelles elle touche une rémunération* »[116].

Retenant une approche fonctionnelle du travailleur, le droit de l'Union Européenne ne distingue pas, par principe, entre salariés privés et agents publics pour l'adoption des règles protectrices du travailleur. Les directives, actes privilégiés en matière de droit européen du travail, posent ainsi des obligations égales aux employeurs publics et privés, justifiant d'autant plus le recours à un seul ensemble de textes pour les transposer. Le juge européen est vigilant quant à l'application des directives dans le secteur public, le juge administratif lui emboîtant le pas en allant jusqu'à censurer les différences de traitement au sein

---

[116] CJCE, *Lawrie-Blum*, prec.

même de la fonction publique fondées sur la nature privée ou publique du contrat[117].

La Cour de justice de l'Union Européenne (CJUE) ne fait toutefois pas une application aveugle du droit européen du travail. Conscients des spécificités de certains emplois publics, les instances européennes et le juge de l'Union Européenne ont prévu des exceptions pour les emplois d'administration publique. Au motif de donner un plein effet utile aux traités, la CJUE a développé une jurisprudence autorisant les distinctions légitimes et proportionnées pour ces emplois, en retenant une conception restreinte des emplois d'administration publique. Il est exigé que ces emplois comportent une participation, directe ou indirecte, à l'exercice de la puissance publique et aux fonctions qui ont pour objet la sauvegarde des intérêts généraux de l'État ou des autres collectivités publiques[118]. La mention des « autres collectivités publiques » fait référence aux collectivités locales et autres personnes publiques distinctes de l'État au sens du droit international.

Du côté du juge européen des droits de l'homme, la notion d'emplois d'administration publique est reprise dans l'affaire Pellegrin de 1999[119], avec une définition proche. La Cour européenne des droits de l'homme (CEDH), définit les emplois exclus du champ d'application de l'article 6 § 1 de la Convention européenne de sauvegarde des droits de l'homme et des libertés fondamentales comme ceux « *caractéristiques des activités spécifiques de l'administration publique dans la mesure où celle-ci agit comme détentrice de la puissance publique chargée de la sauvegarde des intérêts généraux de l'État ou des autres*

[117] CE, Ass., 10 juillet 2002, *Fédération CFDT Interco*, n° 230034.
[118] CJCE, 17 décembre 1980, Aff. C-149/79, *Commission c/ Belgique*.
[119] CEDH, 8 décembre 1999, *Pellegrin*, n° 28541/95.

collectivités publiques ». Cette définition est en pratique interprétée strictement, la Cour donnant en exemple la police ou l'armée, soit probablement le cœur des fonctions régaliennes.

Le droit international et le droit européen prévoient de la sorte un ensemble de dispositions d'application plus ou moins directe en droit français, dont le champ d'application concerne indifféremment travailleurs privés et agents publics. Les exceptions à ce principe étant d'interprétation notablement stricte, les écarts de traitement entre travailleurs publics et privés sont déconseillés, et les parallèles et rapprochements sont encouragés.

Paragraphe 2 : L'essor de la prévention : un parallèle encouragé

Un parallèle fructueux est assurément l'introduction de la prévention en droit de la fonction publique. La démarche préventive s'est peu à peu intégrée dans la fonction publique, le secteur privé servant de modèle précurseur (A). Quelques blocages subsistent quant à l'introduction des dernières techniques de prévention (B).

A) Le droit privé, modèle de la prévention

L'idée de protéger le travailleur avant la réalisation du risque relève d'une logique d'anticipation dont la paternité semble revenir au secteur privé. Le travailleur, comme facteur de production, doit être protégé des risques pour sa santé afin de prévenir les pertes qui résulteraient de son absence au travail, son remplacement ardu, ou sa perte d'efficacité par l'usure. La même idée a trouvé son chemin dans la fonction publique, elle aussi concernée par l'idée de performance de ses ressources humaines. La continuité du service public, ainsi que le coût d'un arrêt maladie ou d'un remplacement, justifient aujourd'hui le développement de divers dispositifs comme la médecine préventive, l'adaptation des postes de travail ou encore la prévention des risques psychosociaux. Les actions matérielles de prévention ont toutefois préexisté à l'introduction dans le droit d'obligations de prévention des risques, l'employeur astucieux n'ayant pas attendu les lois récentes pour chercher à éviter que sa responsabilité soit engagée ou que des coûts s'accumulent à mesure que s'enchaînent les arrêts de travail pour raison de santé.

Le développement d'instruments juridiques orientés et pensés pour la prévention est tout de même récent. Ces instruments ne seraient pas sans l'apport des discussions ayant mobilisé le secteur public. Les partenaires sociaux européens, en employant un instrument juridique issu du droit européen, ont amorcé la réflexion sur l'évolution de la prévention vers une obligation mieux définie et encadrée. L'accord-cadre européen sur le stress au travail de 2004[120] introduit les premières considérations du stress dans la doctrine travailliste. Cet accord, conclu sur le fondement de l'article 139 du traité sur les communautés européennes devenu article 155 du traité sur le fonctionnement de l'Union Européenne, a pour but d'alerter les employeurs et travailleurs sur l'importance du stress au travail, et d'inciter les partenaires sociaux européens, sur la base du volontariat, à interpeller l'opinion publique sur la question.

L'accord européen est transposé en France par le biais d'un accord national sur le stress au travail en 2008[121], et étendu à l'ensemble des employeurs et employés privés

[120] Accord-cadre sur le stress au travail du 8 octobre 2004.
[121] Accord national interprofessionnel sur le stress au travail du 2 juillet 2008.

en 2009[122]. S'ensuit une série de rapports présentant chacun une approche innovante de la prévention. Le rapport Nasse-Légeron de 2008[123] ouvre pour sa part le débat sur les risques psychosociaux au travail, avec une approche des conséquences économiques de ces risques et des propositions nouvelles sur l'utilisation des indicateurs. Le rapport Lachmann de 2010[124] traite de la santé psychologique au travail, et insiste sur le rôle majeur des managers dans la prévention des risques psychosociaux (RPS). Le rapport Gollac[125] de 2011 détaille enfin la méthode de prévention des RPS. Chacun de ces rapports a orienté les réformes de la protection de la santé des travailleurs privés, puis des agents publics.

La soumission au Code du travail depuis 2007 puis la modification de celui-ci a introduit mécaniquement pour les agents publics l'application de nouveaux principes de prévention. Les livres I à V de la partie IV du Code du travail applicables par renvoi de l'article 108-1 de la loi du 26 janvier 1984, devenu article L. 811-1 du CGFP, prévoient des principes généraux de prévention et des dispositions spécifiques à certains éléments du travail. Le lieu de travail et les équipements de travail doivent être adaptés afin de prévenir les risques pour le travailleur. L'exposition à des produits dangereux et certaines opérations font l'objet de dispositions spéciales. Le Code du travail contient une base importante de mesures de

---

[122] Arrêté du 23 avril 2009 portant extension d'un accord national interprofessionnel sur le stress au travail.

[123] P. Nasse et P. Légeron, *Rapport sur la détermination*, la mesure et le suivi des risques psychosociaux au travail, 12 mars 2008.

[124] H. Lachmann, C. Larose, M. Pénicaud, *Rapport sur le bien-être et l'efficacité au travail.*

[125] M. Gollac et M. Bodier, *Rapport du Collège d'expertise sur le suivi des risques psychosociaux au travail, faisant suite à la demande du Ministre du travail, de l'emploi et de la santé*, 11 avril 2011.

prévention, et est utilement complété par des textes propres à la fonction publique. L'accord de 2013 relatif aux risques psychosociaux mentionné précédemment, et les réformes des instances de dialogue social intégrant la prévention dans leurs compétences, participent à l'essor de la prévention dans la fonction publique. Comme remarqué plus en amont, ces mesures tendent à rapprocher le droit de la fonction publique du droit privé, dans leur contenu comme dans leur support juridique. L'application directe du droit privé à la fonction publique est même manifeste, le Code du travail étant pour les employeurs publics aussi source d'obligations, comme celle de produire un document unique d'évaluation des risques professionnels. La prévention, et ses évolutions récentes issues des débats dans le secteur privé, a infusé en ce sens dans la culture publique et territoriale. Les incompatibilités se maintiennent néanmoins du fait de certains traits caractéristiques de la fonction publique.

B) Une intégration encore incomplète de la prévention dans la fonction publique

À l'occasion d'un colloque du 1er octobre 2019 sur la démarche de qualité de vie au travail et la performance du service public organisé par l'école du management et des ressources humaines (EMRH), en partenariat avec l'agence nationale pour l'amélioration des conditions de travail (ANACT), divers acteurs publics ont pu échanger sur la prévention. Le fond de l'échange a porté sur la question du dépassement de la conception de la prévention de la détresse au travail au travers du prisme des RPS par une approche plus globale de la qualité de vie au travail (QTV).

La QVT englobe non seulement les dimensions classiques de l'épuisement physique et moral, mais prend aussi en compte le sens du travail et sa valorisation. Sans besoin de rentrer dans les détails, la démarche QVT s'appuie sur une approche moins portée sur le risque en lui-même et sa réalisation que sur le travail et les moyens de le réaliser sereinement. Le recours à la prévention des RPS n'y est pas fondamentalement dépassé, la démarche QVT étant tout à fait compatible avec la prévention des risques actuelle. Si cette nouvelle démarche est en expansion dans le monde de l'entreprise, les intervenants notent une lenteur dans l'application à la fonction publique.

Plusieurs facteurs sont en cause. D'une part, la rigidité des normes et leur centralité dans l'action administrative rallongent les procédures visant à instituer une démarche QVT. D'autre part, Philippe Douillet, intervenant de l'ANACT, relève une différence de culture managériale et une structure inadaptée à la prise en compte de la qualité de vie du travailleur au sens de la démarche QVT. Cette méthode QVT nécessite l'engagement sur le long terme de la direction de l'organisme considéré. Or, la direction de la fonction publique, de par sa nature politique, change trop souvent. Le « turnover » des dirigeants, et les alternances successives des majorités politiques nuiraient à la QVT en l'empêchant de s'inscrire dans le temps long. Les processus de fabrication du droit de la fonction publique, en tant qu'ils n'associent pas suffisamment les agents, n'y sont pas favorables non plus. L'essor de la théorie de la QVT est dans le même temps, selon les commentateurs au colloque de 2019, freiné par le manque de marges de manœuvre des managers publics. La loi de transformation de la fonction publique de 2019 répond en partie à ces besoins, avec toutes les nuances déjà dépeintes au fil de cette étude.

Des problématiques propres à la fonction publique territoriale ont été soulevées dans le même temps. Jeanne

Billion, directrice de la santé et de l'action sociale du centre interdépartemental de gestion, relève à ce titre le grand nombre d'agents de catégories C de la fonction publique territoriale, particulièrement exposés au travail pénible et mal valorisé, et les difficultés à se procurer des équipements de protection individualisés du fait des règles s'appliquant aux collectivités territoriales en matière de satisfaction de leurs besoins. Le cadre administratif contraignant est aussi pointé du doigt.

Cependant, des solutions pratiques aux problèmes de qualité de vie au travail peuvent déjà être intégrées à cadre juridique constant. Madame Billion donnait l'exemple des permanences tournantes aux standards téléphoniques des instances médicales, et la réservation d'un temps de travail destiné à faire avancer les dossiers. Cette solution est retenue au CDG 33, notamment dans le service de l'expertise statutaire, chaque conseiller statutaire se réservant un temps propre au traitement des dossiers sans interruption par de nouveaux appels des collectivités. La prise en compte de la prévention est dès lors certes incomplète, mais pas inexistante.

Aux côtés de ces aménagements de l'organisation des services, le CDG 33 a considéré que l'organisation de services spécifiquement créés pour s'assurer de la bonne qualité de vie au travail pour les agents a un avenir certain dans la fonction publique. Le projet a ainsi été lancé de créer, au niveau du Centre de gestion de la Gironde, un service de médecine préventive doté de tous les instruments nécessaires pour assurer, aux collectivités territoriales qui le souhaitent, la bonne santé de leurs agents. Après une campagne de communication auprès des collectivités territoriales de septembre à décembre 2022, un service de prévention et de santé au travail devrait voir le jour au 1er janvier 2023[126]. Mobilisant divers instruments juridiques, ce service est conçu pour offrir une large gamme de compétences afin de prévenir les risques pour la santé des agents et améliorer leur qualité de vie au travail. Son organisation est conçue pour s'adapter aux découvertes en matière de prévention.

Le service Juridique-Documentation a été saisi en 2021 afin de déterminer la forme la plus adéquate pour le service de prévention. La formule de l'équipe pluridisciplinaire, ensemble de professionnels de santé et des professions paramédicales mettant en commun leurs compétences, a semblé adéquate quand bien même les dispositions de droit public ne détaillaient pas encore son fonctionnement. Le livre VI du titre IV du Code du travail pose le régime de l'équipe pluridisciplinaire, mais n'est pas applicable à la fonction publique territoriale, l'article 108-1 déjà évoqué ne renvoyant qu'aux livres I à V de la partie IV du Code du travail. Ces dispositions privatistes ont néanmoins servi de base de réflexion, d'autant plus qu'un projet de décret relatif aux services de médecine de prévention, reprenant pour la fonction publique territoriale les dispositifs inscrits dans le Code du travail, avait déjà obtenu un avis favorable du CSFPT. Ce décret publié[127], l'analyse du service a été confortée. Des équipes pluridisciplinaires étaient par ailleurs déjà en place dans différents centres de gestion, comme le rappelle le rapport Lecocq[128].

---

[126] Délibération n° DE-0026-2022 du conseil d'administration du centre départemental de gestion de la fonction publique territoriale de la Gironde.
[127] Décret n° 2022-551 du 13 avril 2022 relatif aux services de médecine de prévention dans la fonction publique territoriale.
[128] *Rapport Lecocq*, prec.

Le développement de la prévention dans la fonction publique territoriale a donc suivi avec un léger retard les évolutions des pratiques du secteur privé. Les deux droits se sont peu à peu rejoints, tout comme la pratique par les acteurs publics tels les centres de gestion. Sans en minimiser l'utilité, ce recours opportun aux techniques de prévention issues du privé n'efface pas les spécificités des instances publiques de santé au travail.

Section 2
Le maintien opportun de la spécificité des instances publiques de santé au travail

Si les obligations de santé pesant sur les employeurs publics relèvent du Code du travail et des décrets y apportant les dérogations nécessaires, les instances médicales de la fonction publique reposent sur des textes publics dans la forme et le contenu. En se dotant d'institutions propres, la fonction publique s'assure de la bonne adaptation des instances médicales à ses particularités (A), préférant l'adaptation à la transposition[129]. Dans le même temps, le secteur public se prive des instances non remplacées, comme l'inspection du travail (B).

Paragraphe 1 : Des instances médicales adaptées aux particularités de la territoriale

Le paysage des instances médicales de la fonction publique a connu des modifications substantielles ces dernières années. La récente réforme des instances médicales condense les diverses instances en une seule, le conseil médical, opérant la rationalisation tant attendue des instances médicales (A). La comparaison avec le droit privé fait apparaître que le conseil médical n'a pas d'équivalent dans le monde du travail. Serait-il, dès lors, de trop ? (B)

---

[129] J-P Didier, « Hygiène, sécurité du travail et médecine professionnelle dans la fonction publique territoriale : adaptation et non simple transposition des règles issues du droit du travail », JCP Adm. 2012, n°9, 5 mars 2012.

A) La rationalisation des instances médicales

Les instances médicales de la fonction publique ont connu une réforme récente par la fusion des commissions de réforme et du comité médical. Dans la même logique que les instances représentatives du personnel, les deux instances ont été supprimées au profit du conseil médical, reprenant leurs compétences en une seule instance. La distinction entre commission de réforme et comité médical ne survit aujourd'hui que par la distinction entre les formations restreintes et plénières de l'unique conseil médical. La commission de réforme avait pour mission « *d'apprécier la réalité des infirmités invoquées, la preuve de leur imputabilité au service, les conséquences et le taux d'invalidité qu'elles entraînent ainsi que l'incapacité permanente à l'exercice des fonctions* »[130]. Autrement dit, elle était compétente pour un assortiment de questions relatives à l'imputabilité au service d'un accident ou d'une maladie, et aux conséquences de cette imputabilité. Le comité médical rendait pour sa part des *« avis sur les questions médicales soulevées par l'admission des candidats aux emplois publics, l'octroi et le renouvellement des congés de maladie et la réintégration à l'issue de ces congés, lorsqu'il y a contestation »*[131]. Ces deux institutions se prononcent alors sur les conditions d'octroi des congés

---

[130] Article 31 du décret n° 2003-1306 du 26 décembre 2003 relatif au régime de retraite des fonctionnaires affiliés à la Caisse nationale de retraites des agents des collectivités locales.

[131] Article 4 du décret n° 87-602 du 30 juillet 1987 pris pour l'application de la loi n° 84-53 du 26 janvier 1984 portant dispositions statutaires relatives à la fonction publique territoriale et relatif à l'organisation des comités médicaux, aux conditions d'aptitude physique et au régime des congés de maladie des fonctionnaires territoriaux, dans sa rédaction issue du décret n° 2015-504 du 4 mai 2015 modifiant le décret n° 87-602 du 30 juillet 1987.

et indemnités prévus lors de la dégradation de l'état de santé de l'agent public.

Le comité médical et la commission de réforme ont souvent été accusés de faire doublon, de rendre le droit médical de la fonction publique illisible et de n'être finalement que deux faces d'une même pièce. Le secrétariat de ces instances était assuré par le centre de gestion et organisé dans ses locaux pour une majorité de collectivités. Cela correspond en Gironde à 898 collectivités sur les 929 qu'en compte le département, employant 20 100 agents territoriaux sur les 48 000 agents territoriaux girondins. Matériellement, les séances des deux instances se déroulent dans les mêmes salles, et leur secrétariat est géré par le même service des instances médicales. Leur distinction avait quelque chose de fictif et n'était pas vraiment justifiée. L'ordonnance santé du 25 novembre 2020[132] programme leur fusion en une unique instance. L'objectif est, selon le rapport au président de la République accompagnant l'ordonnance, de « *simplifier et [de] rationaliser l'organisation et le fonctionnement des instances médicales de la fonction publique* »[133]. Ces explications ne sont pas sans rappeler la réforme des instances représentatives, elles aussi fondées sur le besoin de limiter les interlocuteurs pour des raisons procédurales et d'efficacité de leurs missions.

Par trois décrets du 11 mars 2022, la fusion est opérée en un seul organe, le conseil médical. Le conseil médical reprend les compétences des instances précédentes, et conserve en un sens la distinction en distinguant deux formations. La formation plénière, compétente pour un

[132] Ordonnance n° 2020-1447 du 25 novembre 2020 portant diverses mesures en matière de santé et de famille dans la fonction publique.
[133] Rapport au Président de la République relatif à l'ordonnance n° 2020-1447 du 25 novembre 2020 portant diverses mesures en matière de santé et de famille dans la fonction publique.

ensemble d'attributions ayant trait notamment à l'invalidité temporaire imputable au service, reprend peu ou prou le rôle de la commission de réforme. La formation restreinte est quant à elle saisie des cas relevant autrefois du comité médical. Moyennant quelques ajustements procéduraux, les deux champs de compétences survivent dans le découpage des deux formations. La rationalisation porte ainsi sur le nombre d'institutions, mais aussi sur les cas de saisine, diminués à la marge. La prolongation des congés de maladie ordinaire au-delà de six mois consécutifs ne relève plus des instances médicales par exemple. La fusion des instances et la diminution des cas de saisine obéissent à la même logique de faciliter la gestion des ressources humaines. La fusion participe à la compréhension du système, et la diminution des compétences désengorge les instances, leur permettant de répondre plus rapidement, tout en laissant plus de liberté aux managers publics sur les questions non essentielles.

B) Le conseil médical, une instance de trop ?

Le parallèle avec les instances représentatives et la travaillisation qui sous-tend leur fusion ne s'arrête pas là. La volonté de réformer les instances médicales de la fonction publique, organes sans équivalents en droit privé, a presque mené à leur disparition. Le tout s'opérant sur fond de comparaison, une fois n'est pas coutume, avec le modèle privé. Le rapport sur l'évaluation du dispositif des instances médicales de la fonction publique de mars 2017 indique dès sa synthèse que le dispositif des instances médicales de la fonction publique, complexe, apparaît générateur de lourdeurs et de délais. Plusieurs pistes pour l'alléger sont envisagées. Une *suma divisio* est opérée entre d'un côté les hypothèses conservant la philosophie actuelle du principe d'un avis médical préalable à l'arrêt de travail de l'agent malade, et de l'autre celle transformant ce dispositif en contrôle a posteriori des arrêts de travail pour raison de santé. Les instances médicales sont en effet saisies pour avis avant la prise de décision de placer l'agent en arrêt, ou après un refus. Le contrôle de ces instances est en cela antérieur à tout congé entrant dans son champ de compétence. Il en résulte une certaine lourdeur procédurale, et l'impossibilité pour les managers publics de placer les agents dans la situation qu'ils jugent appropriée. Le poids de cette procédure n'est pas à sous-estimer, il est vrai, même si les avis des instances médicales ne sont pas contraignants, dès lors que la décision du manager est suspendue à l'avis médical durant un délai plus ou moins long. Le délai de procédure est d'autant plus gênant à l'occasion d'évènements soudains, lesquels n'ont pu faire l'objet d'aucune anticipation de la part des manageurs. Le passage d'un avis médical préalable à un avis médical *a posteriori* laisse la faculté au manager d'agir, et à l'instance médicale de réagir.

Le rapport évoque cependant des solutions à philosophie constante avant toute proposition trop audacieuse[134]. Deux premiers scénarios sont étudiés. L'un est la réduction du nombre des cas de saisine des instances médicales. Cette solution a été partiellement suivie comme exposé précédemment. L'autre consiste à recentrer le travail des instances sur une approche purement médicale au sein d'une instance unique, et à renvoyer à une autre instance certains éléments relevant, selon le rapport, du dialogue social. Le reclassement est pris pour exemple. Cette proposition a été suivie en sa première branche par la création du conseil médical, pour les effets vus plus haut.

[134] Inspection générale de l'Administration, *Rapport sur l'évaluation du dispositif des instances médicales de la fonction publique*, mars 2017, pp. 57-81.

L'idée de réduire le nombre d'instances médicales n'est pas nouvelle. La loi du 12 mars 2012 relative à l'accès à l'emploi titulaire dite loi Sauvadet modifie à son article 113 l'article 23 de la loi du 26 janvier 1984 pour transférer aux centres de gestion le secrétariat des instances médicales. En condensant les secrétariats au niveau des centres de gestion, la loi avait pour objectif de réduire la charge de travail pour les collectivités et d'accélérer les procédures, les centres de gestion ayant créé des services dédiés aux instances médicales. En pratique, la prise en charge des instances médicales continue bien au-delà du seul secrétariat, les centres de gestion indemnisant les médecins et supportant les frais de procédure alors même que le conseil médical est placé auprès du préfet, et les médecins nommés par ce dernier. Quant au resserrement autour des seules questions médicales, ce choix n'a pas été retenu par les réformes récentes. Le conseil médical a conservé un rôle majeur dans la procédure de reclassement. Le décret du 22 avril 2022 relatif au reclassement[135] prévoit ainsi la saisine du conseil médical pour la période de préparation au reclassement (PPR).

Le rapport évoque ensuite les changements plus radicaux vers un « contrôle » *a posteriori*, au sens d'émission de l'avis simplement consultatif avant la prise de décision. La distinction entre les deux cas de figure envisagés par le rapport porte sur la soumission ou non au droit commun des arrêts de travail pour raison de santé. L'indépendance des systèmes publics et privés impliquerait à tout le moins un changement de culture des instances publiques, qui deviendraient instances de recours. La valeur de ce recours devrait avoir un certain degré de contrainte

[135] Décret n° 2022-626 du 22 avril 2022 relatif au reclassement des fonctionnaires territoriaux reconnus inaptes à l'exercice de leurs fonctions.

sur l'employeur pour ne pas priver le contrôle de tout effet utile.

L'antériorité de la décision de l'administration sur l'avis du conseil médical a été retenue concernant la PPR, celle-ci pouvant commencer, si l'agent le demande, à la date de saisine et non celle de l'avis[136]. La question du contrôle est de plus, dans la fonction publique, particulièrement sensible. Le mélange des systèmes privés et publics serait un changement phénoménal et un chantier long tant les régimes applicables aux agents publics et aux salariés sont éloignés. Ce choix rassemblerait sous un même régime les divers types d'agents, fonctionnaires et contractuels de droit privé relevant de deux univers médicaux si distants. En pratique, il n'est pas certain que la Caisse nationale d'assurance maladie des travailleurs salariés (CNAMTS) ait les moyens d'accueillir les saisines des employeurs publics et les quelque cinq millions d'agents potentiellement concernés par le rapprochement.

Le choix du Gouvernement est aujourd'hui le maintien de la spécificité des instances médicales de la fonction publique. Plus acceptable et réaliste, la fusion dont est issu le conseil médical et le maintien d'un contrôle majoritairement *a priori* sont plus opportuns que le recours aux instances ou modalités de contrôle applicables dans le secteur privé. La question du contrôle n'en est pas pour autant tranchée.

[136] Article 2 du décret n° 85-1054 du 30 septembre 1985 relatif au reclassement des fonctionnaires territoriaux reconnus inaptes à l'exercice de leurs fonctions.

Paragraphe 2 : Une absence de contrôle à interroger

Contrôler le respect d'une obligation, c'est en quelque sorte lui donner vie. Afin que la législation du travail ne reste pas lettre morte, le droit français du travail repose sur une inspection indépendante et extérieure, chargée de contrôler le respect des normes par les employeurs et employés du secteur privé. Dans la fonction publique, l'absence d'inspection du travail est remarquée (A). Se pose alors la question de son remplacement (B).

A) L'absence de l'inspection du travail

L'exclusion de la partie VIII et du livre VI de la partie IV du Code du travail des dispositions applicables à la fonction publique exclut de fait l'intervention de l'inspection du travail pour les fonctionnaires. Chargée de contrôler le respect des obligations de santé et sécurité au travail par les employeurs, l'inspection du travail vient parfois à manquer. C'est donc par un contrôle interne qu'est assuré le respect des obligations de santé et sécurité, du moins avant la phase contentieuse. Ce contrôle fait pâle figure face à l'importance de l'inspection du travail dans les entreprises.

Son rôle est multiple et recouvre notamment la protection de la santé du travailleur. L'inspecteur du travail doit être obligatoirement saisi pour les licenciements concernant des salariés protégés comme les représentants syndicaux[137] ou l'éviction, par exemple, des médecins du travail[138]. Les pouvoirs de l'inspection du travail sont larges. L'inspecteur du travail est chargé de constater les infractions aux dispositions du Code du travail et de certaines conventions collectives[139]. Il leur est pour cela

---

[137] Article L. 2411-3 du Code du travail.

[138] Article L. 4623-5 du Code du travail.

[139] Article L. 8112-1 du Code du travail.

loisible d'organiser et de conduire des contrôles, et de décider des suites à leur apporter. Les moyens de cette institution sont développés et particulièrement intrusifs. Les articles L. 8113-1 et suivants leur reconnaissent le droit d'entrer dans les établissements et d'y contrôler l'identité des personnes, d'effectuer des prélèvements, d'accéder à des documents. Les procès-verbaux de l'inspection du travail font foi jusqu'à preuve du contraire[140], mais ne peuvent être rédigés à l'encontre de l'État, des collectivités territoriales ou de leurs établissements publics[141].

L'inspecteur du travail dispose donc d'un arsenal complet de missions et de moyens juridiques d'assurer le respect par les employeurs privés des dispositions du droit du travail. Le champ des dispositions du Code du travail applicables à la fonction publique ne permet pas à l'inspection du travail de contrôler les services des administrations. Du moins, les employeurs publics employant exclusivement des personnels de droit public ne sont pas concernés par l'inspection du travail. Il en va autrement des employeurs publics employant leurs agents dans les conditions du droit privé. Une partie de ces employeurs a déjà été écartée dans les propos introductifs, comme les EPIC, dès lors qu'ils sont soumis par principe au droit privé et n'intéressent pas la problématique choisie de l'introduction du droit privé dans la fonction publique. Néanmoins, une autre partie des employeurs publics employant des agents dans les conditions de droit privé est concernée par l'inspection du travail. En effet, les établissements publics administratifs emploient pour certains quelques agents de droit privé. Il en est ainsi des employeurs accueillant des apprentis par exemple.

---

[140] Article L. 8113-7 du Code du travail.
[141] Article L. 8113-8 du Code du travail.

Le Code du travail étant applicable, sauf disposition contraire, à ces employeurs dans leurs relations de travail avec les agents contractuels de droit privé, l'inspection du travail devrait pouvoir opérer ses contrôles. Or en pratique, les inspecteurs du travail ne se déplacent pas dans les collectivités et établissements territoriaux accueillant de tels personnels. Pourtant, l'article L. 8113-8 n'interdit aux inspecteurs que d'émettre des procès-verbaux à l'encontre de l'administration. Dépourvu du pouvoir de contrainte, l'inspecteur du travail n'en est pas pour autant inutile. Les remarques formulées à l'employeur public ont le potentiel de susciter une réaction positive chez les collectivités les plus volontaires. Cette éventualité est par ailleurs anticipée par la réglementation. Le décret du 10 juin 1985 prévoit aujourd'hui la possibilité pour une collectivité ou un centre de gestion de demander au ministre du travail de lui assurer le concours des agents des services de l'inspection du travail[142]. Ce concours est soit permanent, soit temporaire. Il vise à apporter une expertise et un conseil aux employeurs territoriaux. Il n'est pas question de contrôle ou de sanction. Aucune décision administrative ne peut découler de cette mission[143]. Le contrôle du respect par les employeurs territoriaux des obligations de santé et de sécurité au travail n'amène donc pas à sanction de l'inspection du travail. Est-ce un mal ?

B) Des palliatifs à trouver ?

La création d'une inspection publique du travail a longtemps été envisagée, et encore récemment dans le

---

[142] Article 5 du décret n° 85-603 du 10 juin 1985 relatif à l'hygiène et à la sécurité du travail ainsi qu'à la médecine professionnelle et préventive dans la fonction publique territoriale.

[143] Question écrite n° 11768, publiée au JO du Sénat du 15 septembre 2016, p. 3962.

rapport sur l'attractivité de la fonction publique du Conseil supérieur de la fonction publique[144]. Son absence est cependant logique dans la mesure où, étant une émanation de l'État, l'inspection du travail ne pourrait jouer son rôle de contrôleur indépendant en ce qui concerne l'État, et méconnaîtrait en partie la libre administration des collectivités territoriales si elle venait à les contrôler. Le schéma de l'inspection du travail en droit privé est celui d'une inspection extérieure et indépendante, opérée par une administration étatique habilitée par la loi à contrôler le respect de normes par les entreprises privées. Il n'est pas reproductible pour les fonctions publiques de l'État et de la territoriale.

Pour la première, le manque d'indépendance et d'extériorité par rapport à l'État personne juridique justifie de se contenter du contrôle interne. Pour la seconde, la libre administration des collectivités territoriales, bien que relative car soumise aux conditions prévues par la loi[145], ne crée pas un terrain favorable au contrôle des conditions de travail dans leurs services. Le Conseil constitutionnel censure à minima les restrictions disproportionnées de la libre administration en matière de gestion des personnels territoriaux[146]. Le contrôle des collectivités territoriales sur quelque terrain que ce soit est souvent difficile à installer sereinement. Pour autant, les collectivités ne sont pas étrangères à tout contrôle de l'État. Les contrôles non juridictionnels des chambres régionales des comptes ou le rôle du préfet dans la procédure budgétaire en sont des exemples. De plus, il n'y a pas d'incompatibilité entre une inspection du travail et un régime de droit public. La

---

[144] P. Laurent, C. Desforges et M. Icard, *Rapport sur l'attractivité de la fonction publique territoriale*, janvier 2022, p. 49.
[145] Article 72 alinéa 3 de la Constitution du 4 octobre 1958.
[146] Conseil constitutionnel, 20 janvier 1984, *Loi portant dispositions statutaires relatives à la fonction publique territoriale*, n° 83-168.

fonction publique hospitalière connaît l'application la plus étendue du Code du travail à ses agents, notamment en matière de santé et de sécurité au travail. L'intégralité de la partie IV du Code du travail lui est applicable[147], moyennant quelques exceptions comme la constatation de certaines infractions pénales[148]. Les établissements hospitaliers font alors l'objet de contrôles de l'inspection du travail visant à faire respecter les règles de santé et de sécurité au travail.

Un choix différent est fait pour la fonction publique territoriale, celui du contrôle interne. Le respect des obligations de santé et de sécurité au travail repose sur l'employeur territorial seul, toutefois conseillé par divers acteurs. C'est le rôle des agents de prévention (AP) et des conseillers de prévention (CP). Héritiers des agents chargés de la mise en œuvre des règles d'hygiène et de sécurité ou ACMO, les AP et les CP ont pour mission d'étudier les conditions de santé et de sécurité des agents, d'évaluer les risques auxquels ils sont exposés, d'en informer l'employeur public, de lui proposer et de mettre en œuvre les réponses appropriées à ces dangers. Le décret du 10 juin 1985 relatif à l'hygiène et à la sécurité du travail[149] précise leurs attributions respectives. Acteurs de proximité, les AP sont coordonnés par les CP. Ces derniers participent de plus aux travaux de l'ancien CHSCT, et aujourd'hui du comité social territorial. Les centres de gestion ont un rôle à jouer, le CGFP leur permettant de mettre à disposition des collectivités et de leurs établissements publics des AP et des CP. Cette mise à disposition paraît particulièrement bien située dans la mesure où les collectivités les plus modestes ne disposent pas toutes des moyens de former leurs agents

[147] Article L. 811-2 du CGFP.
[148] Article L. 4741-6 du Code du travail.
[149] Décret n° 85-603, prec.

à la prévention à un niveau suffisant pour assurer les missions des AP et CP. Ces mêmes collectivités se trouvent être affiliées au centre de gestion et relever de son comité social territorial.

Les mêmes dispositions autorisent les centres de gestion à mettre à disposition des agents chargés des fonctions d'inspections (ACFI). La fonction d'ACFI, incompatible avec celle d'AP ou de CP, se rapproche de celle d'un inspecteur du travail. L'ACFI a, lui aussi, l'accès aux établissements et documents utiles. Il ne dispose pas, contrairement à l'inspecteur du travail, d'un pouvoir de sanction. Les propositions qu'il formule à l'autorité territoriale en cas de risque pour la santé et la sécurité des agents ne sont pas contraignantes. L'ACFI relève encore d'une logique de conseil et non de sanction. Ces trois acteurs de la prévention sont chargés de ce fait du contrôle interne à la fonction publique territoriale.

Si le recours direct à l'inspection du travail n'est pas possible pour des raisons liées à la libre administration, ne serait-il pas opportun de s'inspirer de ses pouvoirs applicables aux entreprises ? La fonction publique hospitalière repose déjà sur une inspection forte, mais limitée sur le plan pénal. Le renforcement des dispositifs existants est une dynamique ancienne qui a déjà fait ses preuves[150]. L'extension des pouvoirs des ACFI notamment est une piste intéressante. Néanmoins, il ne semble pas opportun d'aller jusqu'à importer un pouvoir de sanction tiré du droit privé. En effet, les agents restent soumis à l'autorité de leur employeur public, si bien que la réalité de ce pouvoir serait relative. Internes à la structure, il paraît trop radical de reconnaître un pouvoir de sanction, les risques d'abus ou

---

[150] S. Quinton-Fantoni et M. Caron, « Santé au travail : l'influence du secteur privé sur la fonction publique territoriale », Revue de Droit sanitaire et social 2013, p. 83.

de non-utilisation ne rendent pas cette solution attractive. Le volontariat et la coopération sereine des employeurs et l'implication des agents sont aujourd'hui au cœur des démarches sur la qualité de vie au travail, comme avancé précédemment. Dès lors, la sanction correspond moins aux nouveaux modes de protection de la santé au travail que l'approche déjà en place de contrôle interne basé sur la communication et la remontée d'information à l'autorité territoriale.

Pour des raisons structurelles et culturelles, le recours à une inspection du travail copiée sur le modèle privatiste n'est en conclusion ni possible ni opportun. Les rapprochements de la protection publique et privée de la santé au travail, en termes d'obligations de fond comme d'organisation formelle des instances, sont clairs et assumés tout en gardant une certaine spécificité de la fonction publique. La matière sanitaire n'est d'ailleurs pas le seul domaine de la relation de travail s'orientant vers le modèle privé tout en conservant un ADN public. La valorisation du travail témoigne de ce rapprochement.

Chapitre 2
Un bilan mitigé de la valorisation du travail

La valorisation du travail est un élément central de l'engagement du travailleur. Or, cet élément semble aujourd'hui faire défaut à la fonction publique territoriale. D'une part, et par rapport à la fluidité des carrières privées, la fluidité des carrières de la fonction publique est figée (A). D'autre part, la valorisation de l'investissement des agents tend à s'aligner sur des dispositifs de droit privé inadaptés (B).

Section 1
La fluidité des carrières, une valorisation du travail à la traîne

Une carrière monotone et peu stimulante n'est pas un descriptif très flatteur de la fonction publique. La faible mobilité professionnelle des agents publics comme le manque de formation sont ainsi souvent dénoncés. La mobilité professionnelle, qui inclut la possibilité de changer d'employeur, de lieu de travail, de statut juridique ou d'emploi[151], participe à l'épanouissement du travailleur. La fonction publique territoriale n'apparaît pas comme un bon élève de ce côté (A). La mise à jour des mécanismes publics de mobilité, qui a connu des développements récents, est à poursuivre. La formation des agents est néanmoins en plein essor (B).

Paragraphe 1 : La rigidité des carrières publiques, un frein à l'attractivité de la fonction publique

« Faire carrière » dans la fonction publique renvoie à tout un imaginaire, celui d'une longue échelle gravie au fil des ans, d'une structure monolithique, et d'un emploi inévitablement monotone par rapport aux carrières privées. La fonction publique comporte pourtant un éventail de métiers et fonctions presque aussi fourni que le secteur privé, avec ses missions propres en supplément. La réalité de la carrière publique comporte bel et bien une part de rigidité (A). Face à la rigidité et à la monotonie de cette triste partition, des assouplissements aux consonances

---

[151] DGAFP, *Rapport annuel sur l'état de la fonction publique*, édition 2016, p. 265.

privatistes ont rythmé les réformes de la carrière publique (B).

A) Le cadre rigide des carrières

Le rapport sur l'attractivité de la fonction publique, ainsi qu'une grande partie des sondages auprès des agents publics, fait ressortir une perte d'intérêt pour le travail public du fait de la rigidité des carrières de la fonction publique. Cette préoccupation est souvent placée en bonne position des obstacles à l'attractivité de la fonction publique, quoique loin derrière les rémunérations. La rigidité des carrières publiques se manifeste par une rigueur procédurale et une absence de culture de la mobilité. La logique même de la rémunération et de l'avancement du fonctionnaire étant basée sur un avancement d'échelon dans un même cadre ou corps, la mobilité n'est pas dans les gènes de la fonction publique. Son modèle de base est linéaire du fait du découpage en corps et cadres d'emplois.

La logique des corps et cadres d'emplois enferme le fonctionnaire dans un secteur déterminé de l'action administrative. La vocation à occuper un emploi du grade dont il est titulaire joue ici un rôle pervers. De la stabilité de l'emploi garantie par la disposition emblématique du statut, le fonctionnaire se trouve dans une situation de stagnation autour des emplois du grade qui est le sien. La rigidité dans la fonction publique territoriale est toutefois moindre que dans la fonction publique étatique, où le découpage des corps est plus fin et donc plus restrictif par nature que dans la territoriale.

À la construction a priori de la carrière s'ajoute une faiblesse historique des moyens de changer a posteriori la trajectoire de sa carrière, du moins en comparaison au secteur privé. Car les outils de mobilité ne sont pas inexistants en droit de la fonction publique. Ils ont juste été introduits tardivement ou dans des proportions moindres que dans le secteur privé, le droit de la fonction publique ayant d'autres objectifs. Une première raison au manque de mobilité est liée à la nature de l'acte de recrutement. Un contrat peut être modifié, rompu puis renoué avec le même employeur dès lors que les parties s'entendent. Le droit privé du travail n'a pour rôle que de protéger l'employé des mobilités forcées et de faciliter les mobilités souhaitées. Le juge vérifie ainsi la validité d'une clause de mobilité[152], tandis que la loi prévoit les moyens reconnus au salarié d'imposer une mobilité, comme au travers du congé individuel de formation ou aujourd'hui du projet de transition professionnelle[153].

Le droit de la fonction publique et le choix du statut ont pour but originel d'organiser les ressources humaines du service public et d'assurer la qualité et la loyauté du fonctionnaire. L'épanouissement de l'agent est secondaire, d'où l'instauration d'une mobilité a minima aux objectifs organisationnels. Les évolutions du management, du marché de l'emploi et de la société invitent cependant à reconsidérer cette rigidité.

En termes de management, l'absence de mobilité horizontale, c'est-à-dire de mobilité d'un agent entre les différents emplois de la fonction publique, est aujourd'hui vue comme un frein aux mutations nécessaires du service public. La réattribution des ressources humaines est un enjeu primordial de la gestion du personnel, d'autant plus dans un service public dirigé par le principe de mutabilité. La solution de recruter de l'extérieur la force de travail nécessaire est de moins en moins d'actualité dans un marché du travail compétitif, dans lequel la fonction publique peine

[152] Cour de cassation, Ch. Soc., 2 octobre 2019, n° 18-20.353.
[153] Article L. 1222-12 du Code du travail.

à attirer. Le recours aux talents internes pallie en partie les difficultés de recrutement, et prévient l'inflation amplement critiquée de la masse salariale de la fonction publique.

D'autres circonstances entrent encore en considération en matière de mobilité, et ne conduisent pas toutes à un accroissement des libertés des employeurs publics en termes de mobilité de leurs agents. Le développement du thème de l'égalité professionnelle entre hommes et femmes a justifié quelques réglementations en matière de mobilité. L'accès aux emplois de direction et l'avancement des femmes dans la fonction publique fait aujourd'hui l'objet de dispositifs visant à favoriser, comptabiliser et garantir l'accès à ces emplois aux femmes. L'association des administrateurs territoriaux de France publiait un rapport retraçant les difficultés de cette mobilité verticale dès 2011[154]. Composant 60 % de la fonction publique territoriale, les femmes ne représentaient que 9 % des DGS des plus grandes collectivités. La loi Sauvadet précitée impose un dispositif de nomination équilibrée des hommes et des femmes[155] précisé par un décret du 30 avril 2012[156] et complété par la loi du 4 août 2014 pour l'égalité réelle entre les femmes et les hommes[157]. L'objectif de 40 % de nomination aux postes de direction est fixé pour certains

---

[154] Association des administrateurs territoriaux de France, *Rapport sur l'accès des femmes aux postes de direction générale dans les grandes collectivités locales*, 8 mars 2011.

[155] Article 56 de la loi n° 2012-347 du 12 mars 2012 relative à l'accès à l'emploi titulaire et à l'amélioration des conditions d'emploi des agents contractuels dans la fonction publique, à la lutte contre les discriminations et portant diverses dispositions relatives à la fonction publique.

[156] Décret n° 2012-601 du 30 avril 2012 relatif aux modalités de nominations équilibrées dans l'encadrement supérieur de la fonction publique.

[157] Article 68 de la loi n° 2014-873 du 4 août 2014 pour l'égalité réelle entre les femmes et les hommes.

emplois les plus importants, et son application pratique est orientée par une circulaire[158]. Le respect de ce dispositif est de plus observé, la fonction publique territoriale entrant dans les clous dès 2013[159], et suit une progression constante de la part des femmes sur les emplois de direction[160].

La réflexion sur la mobilité et la rigidité de la gestion des carrières publiques ne porte donc pas uniquement sur l'épanouissement de l'agent, et englobe la mobilité en tant qu'outil de réponse à un besoin managérial. Elle ne se concentre pas non plus sur la mobilité horizontale, en continuant de prendre en compte les problématiques de progression de carrière linéaire. La réponse apportée par le législateur est aujourd'hui tournée vers le modèle de l'entreprise.

B) Des assouplissements aux consonances privatistes

Le droit à la mobilité a été reconnu comme une garantie fondamentale de la carrière des fonctionnaires par la loi du 3 août 2009[161] relative à la mobilité. La loi du 20 avril 2016 relative à la déontologie en a renforcé la portée en insérant un article 14 bis à la loi du 13 juillet 1983, aujourd'hui article L. 511-3 du CGFP, aux termes duquel l'autorité administrative ne peut refuser une mobilité que dans le cas d'une nécessité de service ou d'un avis rendu par

---

[158] Circulaire du 11 avril 2016 relative à l'application du décret n° 2012-601 modifié relatif aux modalités de nominations équilibrées dans l'encadrement supérieur de la fonction publique, NOR : RDFF1609100C.

[159] Bilan 2013 du dispositif des nominations équilibrées, pp. 40-43.

[160] Bilan 2019 du dispositif des nominations équilibrées, pp. 46-55.

[161] Loi n° 2009-972 du 3 août 2009 relative à la mobilité et aux parcours professionnels dans la fonction publique.

la Haute Autorité pour la transparence de la vie publique. Ce droit a au fur et à mesure été matérialisé par divers mécanismes de mobilité. Les mécanismes de mobilité se sont diversifiés et leur mobilisation a été facilitée au fil des réformes. Aux côtés du détachement ou de la disponibilité sont venus se greffer divers dispositifs comme la mise à disposition ou l'intégration directe. Le champ de chaque dispositif a connu des élargissements ou des facilités procédurales. Une partie de ces évolutions repose sur des mécanismes traditionnels de la fonction publique, sur des dispositions de droit public sans équivalent en droit privé, tandis qu'une autre s'inspire directement de la mobilité professionnelle de droit privé.

L'intégration directe dans un cadre d'emplois après un détachement, issue de la loi du 3 août 2009, n'a de sens que dans un système de corps et cadres d'emplois. De même, la portabilité du compte épargne-temps entre fonctions publiques ou le maintien de l'avancement dans le corps d'origine pendant un détachement dans un autre corps, introduits par l'ordonnance du 13 avril 2017[162], n'ont d'utilité que dans la fonction publique. L'inspiration privatiste, et la volonté d'atteindre le même degré de liberté ou de souplesse de gestion que le monde de l'entreprise, n'est jamais très loin, comme abordé au sujet de la disparition de la saisine de la CAP en cas de mutation. Sur le plan des instruments juridiques, la seconde vie des lignes directrices de gestion prévue à l'article 30 de la loi TFP, orientée vers la définition de la stratégie pluriannuelle de pilotage des ressources humaines, fait écho à la critique du manque de prévision dans l'évolution et le mouvement des effectifs.

---

[162] Ordonnance n° 2017-543 du 13 avril 2017 portant diverses mesures relatives à la mobilité dans la fonction publique.

Cependant, toute évolution du droit de la fonction publique en matière de mobilité n'est pas à attribuer à un mouvement souterrain, ou à un quelconque travail de sape de la forteresse statutaire par des impératifs managériaux. Le thème de l'égalité entre les femmes et les hommes, tout juste mentionné, ne présente pas de lien avec l'idéologie néolibérale, et l'écart entre les réformes publiques et privées n'est pas le témoin d'une inspiration de l'un sur l'autre. Certains dispositifs ne sont pas plus typiques du rapprochement entre le droit privé et le droit public, comme la mobilité forcée en cas de transfert de compétence vers l'échelon intercommunal[163], et reposent sur une application plus directe du principe de mutabilité du service public.

Tous les assouplissements de la mobilité professionnelle n'ont pas forcément la même orientation de nos jours. Le droit à la mobilité dans la fonction publique semble aujourd'hui pensé en parallèle du droit privé. Le dispositif récemment introduit en droit public se rapprochant le plus du droit privé du travail est la rupture conventionnelle issue de la loi TFP[164]. Cet arrangement entre un employeur et un employé afin de déterminer la rupture la plus amiable possible de la relation de travail fait une entrée remarquée dans la fonction publique[165]. Outil classique du droit du travail[166], ce mécanisme dénote avec les habitudes du droit de la fonction publique en ouvrant la possibilité au fonctionnaire de négocier, par le biais d'une convention, la fin d'une carrière démarrée par un acte unilatéral. Le versement d'une indemnité de départ

---

[163] G. Glénard, « La mobilité des agents publics dans le droit de la coopération locale », AJDA 2017 p. 1318.

[164] Article 72 de la loi n° 2019-828 du 6 août 2019 de transformation de la fonction publique.

[165] E. Aubin, « La mobilité et les transitions professionnelles : continuum ou changement de paradigme ? », RFDA 2020 p. 283.

[166] Article L. 5424-1 du Code du travail.

volontaire avait été préféré en 2008 et 2009[167]. L'application de la rupture conventionnelle aux agents contractuels en CDI n'est pas tellement choquante.

L'application du dispositif aux fonctionnaires, par principe dans une position statutaire et réglementaire et non conventionnelle, est plus exotique. En pleine montée de la dimension quasi-statutaire de la situation des agents contractuels, la loi TFP introduit un brin de contractuel dans la relation de travail liant fonctionnaires et employeurs publics. Encore expérimental jusqu'au 31 décembre 2025, le dispositif n'a pas intégré formellement le statut général des fonctionnaires, et n'a donc pas encore été repris par le CGFP. Le décret du 31 décembre 2019 relatif à la procédure de rupture conventionnelle[168] introduit un chapitre III sur la rupture conventionnelle dans le décret relatif aux agents contractuels de la fonction publique territoriale.

Le décret du même jour relatif à l'indemnité spécifique de rupture conventionnelle fixe les montants minimums de cette indemnité à son article 2[169], à 25 %, 40 %, 50 % voire 60 % de la rémunération mensuelle brute par année d'ancienneté. Ce taux augmente progressivement par pallier, pour chaque tranche d'ancienneté de l'agent. La fidélité du fonctionnaire lui rapporte ainsi de plus en plus au moment de la rupture.

Une première difficulté d'application pratique est observée au niveau des collectivités territoriales. Les

---

[167] Décret n° 2009-1594 du 18 décembre 2009 instituant une indemnité de départ volontaire dans la fonction publique territoriale.

[168] Décret n° 2019-1593 du 31 décembre 2019 relatif à la procédure de rupture conventionnelle dans la fonction publique.

[169] Article 2 du décret n° 2019 du 31 décembre 2019 relatif à l'indemnité spécifique de rupture conventionnelle dans la fonction publique et portant diverses dispositions relatives aux dispositions indemnitaires d'accompagnement des agents dans leurs transitions professionnelles.

montants de la rupture conventionnelle apparaissent prohibitifs pour les collectivités les plus modestes, les montants pouvant atteindre un mois de rémunération brute par année d'ancienneté dans la limite de 24 ans d'ancienneté selon l'article 3 du décret précité. Peu de collectivités peuvent décaisser deux années de salaire brut d'un fonctionnaire, même en excluant une partie des primes. L'article 4 du décret précise que la rémunération brute de référence est celle de l'année précédant la date d'effet de la rupture conventionnelle. Ce faisant, le coût de la rupture conventionnelle d'un fonctionnaire ayant déjà cumulé un avancement à l'ancienneté conséquent est démultiplié. Des craintes sur l'accessibilité à la rupture conventionnelle des fonctionnaires les plus anciens, et à l'égal accès à ce dispositif de mobilité selon la richesse de la collectivité, ont été remontées. La réalité de ces inquiétudes est pour l'instant complexe à apprécier, l'expérimentation ayant à peine atteint la moitié de sa durée.

L'opportunité de recourir à ce mécanisme tout droit tiré de la pratique du monde privé ne pourra réellement être appréciée qu'après un retour d'expérience complet. Dès à présent, la rupture conventionnelle se présente comme un changement conséquent dans la relation du fonctionnaire à son employeur. Sans pour autant « *refonder le contrat social avec les agents publics* » comme le prétend l'étude d'impact de la loi TFP, la rupture conventionnelle réécrit en partie les termes de la relation de travail publique en reconnaissant une énième forme de mobilité « vers l'extérieur », en contraste de la mobilité interne ou vers la fonction publique. Étrange motivation d'ailleurs que de considérer que la refondation du contrat social passe par sa rupture en bons termes. Peut-être est-ce là la mesure qui manquait à l'attractivité de la fonction publique, l'assurance d'un bon pot de départ.

En gageant que l'attractivité du départ favorisera l'attractivité de l'arrivée dans la fonction publique, cette mesure participe effectivement à une mobilité professionnelle de l'agent et combat, *in fine,* le poncif d'une carrière publique bloquée et linéaire si dommageable à l'attractivité des emplois publics. Dans cette même logique de vivifier le travail public, le domaine des formations connaît un essor considérable.

Paragraphe 2 : Une formation professionnelle en plein essor

La formation professionnelle, c'est-à-dire l'ensemble des actions visant à maintenir, diversifier ou renforcer les compétences du travailleur, connaît le même engouement que la mobilité. L'une et l'autre sont intimement liées, un agent aux multiples compétences est plus enclin à la mobilité. Le nombre des dispositifs de formation est dans ce contexte en pleine expansion (A). Le CDG 33 en a expérimenté une grande variété (B).

A) L'explosion des dispositifs de formation

Le développement de la formation dans le secteur public s'est concrétisé par un véritable « *suivisme du droit de la fonction publique par rapport au droit du travail applicable dans le secteur privé* »[170]. La loi du 4 mai 2004 relative à la formation professionnelle tout au long de la vie[171] applicable au secteur privé engendre en 2007 une

---

[170] E. Aubin, « Formation de certains agents publics pour favoriser leur évolution professionnelle : les apports de l'ordonnance du 26 mai 2021 », AJCT 2022 p. 89.

[171] Loi n° 2004-391 du 4 mai 2004 relative à la formation professionnelle tout au long de la vie et au dialogue social.

réponse législative pour le secteur public par la loi du 19 février 2007[172]. De nombreux dispositifs s'inspirent de leurs équivalents privatistes ou suivent les évolutions du secteur privé de la formation.

La dernière illustration en date concerne le compte personnel de formation. Ce compte est alimenté chaque année en euros ou en heures de formation, et peut être utilisé par l'agent pour suivre des formations professionnelles. Le passage en euros au lieu d'heures dans le secteur privé suite à la loi du 5 septembre 2018[173] conduit la loi TFP de 2019 à adapter le dispositif public. La loi de TFP prévoit à son article 58 la conversion en euros des heures contenues sur le CPF et vice versa lors des passages entre le public et le privé. Cette mesure favorise à la fois la formation des agents et salariés changeant de secteur et leur mobilité entre la fonction publique et le monde de l'entreprise. La solution de la conversion a été préférée à un alignement plus direct du public sur le privé du fait, selon l'étude d'impact de la loi TFP, de la différence des modèles économiques des formations. Modifier le système public aurait nécessité une refonte du financement et de la gestion de l'offre de formation, entraînant un coût disproportionné. La conversion arrive finalement au même résultat sans ces désagréments techniques.

Un deuxième dispositif plus ciblé a été mis en place par l'ordonnance du 26 mai 2021[174]. Constatant un écart important de formation entre les agents de catégorie A et de catégorie C, au désavantage des derniers, le législateur a

---

[172] Loi n° 2007-209 du 19 février 2007 relative à la fonction publique territoriale.

[173] Loi n° 2018-771 du 5 septembre 2018 pour la liberté de choisir son avenir professionnel.

[174] Ordonnance n° 2021-658 du 26 mai 2021 renforçant la formation de certains agents publics afin de favoriser leur évolution professionnelle.

entendu favoriser les agents de catégorie C dans l'accès à la formation. Le rapport annuel sur l'état de la fonction publique dans son édition 2020 rapportait un écart en termes de nombre de jours de formation par agent dans la fonction publique selon la catégorie hiérarchique. Pour la fonction publique territoriale, les agents de catégorie A effectuaient environ 3,5 jours de formation par an sur la période 2011-2015, contre 2,3 en moyenne pour les agents de catégorie C[175]. Or, la formation a pour utilité de développer les compétences et l'employabilité de l'agent. Sans formation, l'agent développe moins de savoir-faire et savoir-être professionnels, et peine à accéder à l'ascenseur social qu'est la progression de carrière.

Pour ces raisons entre autres, le législateur a identifié trois catégories d'agents particulièrement exposés au manque de formation : les agents de catégorie C, les personnes handicapées et le fonctionnaire pour lequel il est constaté, après avis du médecin du travail compétent, qu'il est particulièrement exposé, compte tenu de sa situation professionnelle individuelle, à un risque d'usure professionnelle. Les mesures prises pour favoriser leur accès à la formation reposent sur un accès prioritaire à des actions de formation professionnelle et l'extension de congés de formation professionnelle prévus au titre II du livre IV du CGFP. L'accès à un congé de transition professionnelle est même créé, puis précisé dans un décret du 22 juillet 2022[176]. Le législateur entend par là renforcer la mobilité professionnelle de ces agents en rééquilibrant l'accès à la formation.

---

[175] DGAFP, *Rapport annuel sur l'état de la fonction publique*, édition 2020, p. 567.

[176] Décret n° 2022-1043 du 22 juillet 2022 relatif à la formation et à l'accompagnement personnalisé des agents publics en vue de favoriser leur évolution professionnelle.

La formation est alors au service d'une mobilité professionnelle et sociale. Il est à noter qu'une vision inverse guide la rédaction des cadres d'emplois supérieurs de la fonction publique. La mobilité est dans ce cas vue comme une formation en elle-même. Il s'agit notamment de l'obligation de mobilité des fonctionnaires de catégorie A pour l'accès à certains grades. Le service Juridique-Documentation a été saisi sur ce thème au sujet de l'avancement des ingénieurs en chef. Les articles 18 et 19 du décret du 26 février 2016 portant statut particulier du cadre d'emplois des ingénieurs en chefs territoriaux[177] posent comme condition d'avancement dans les grades intermédiaires et supérieurs de ce cadre d'avoir occupé pendant une certaine période un emploi de DGS, et d'avoir effectué un détachement sur certains emplois fonctionnels. La logique de la condition est de s'assurer que les cadres supérieurs de la fonction publique territoriale ont effectivement exercé des fonctions de direction à haute responsabilité. La mobilité de l'agent sur les postes comportant de telles fonctions sert en quelque sorte de formation.

La formation par la mobilité se retrouve dans un régime déjà vu, celui des apprentis. Ce contrat de droit privé étudié plus en amont, considéré en pratique comme un prérecrutement ou a minima une formation des futurs candidats à l'emploi public, s'insère dans un contexte de formation et non de simple satisfaction des besoins en ressources humaines. L'essor de la formation repose donc sur un ensemble de dispositifs incitatifs ou obligatoires participant à l'attractivité des carrières publiques. L'action de formation passe aussi par des canaux plus ou moins formels, que le Centre de gestion de la Gironde a tenté de

[177] Décret n° 2016-200 du 26 février 2016 portant statut particulier du cadre d'emplois des ingénieurs en chef territoriaux.

mobiliser pour répondre aux besoins des agents et des employeurs publics girondins.

B) Les actions de formation concrètes du CDG 33

Le CDG 33 a souhaité mettre l'accent sur la formation, d'une part, des futurs candidats à l'emploi territorial, et d'autre part, de ses propres agents. Les objectifs de la formation de ces deux populations sont doubles : alimenter le vivier d'agents publics, et développer les compétences des agents en poste. Pour ce faire, plusieurs actions sont menées. La première consiste à participer à la formation des étudiants dès l'université, afin de les orienter vers les métiers si méconnus de la fonction publique territoriale. En partenariat avec l'université de Bordeaux, le Centre de gestion de la Gironde participe à un diplôme universitaire « Carrières territoriales en milieu rural » aux côtés des centres de gestion de la Dordogne, des Landes et du Lot-et-Garonne. L'environnement rural éprouve des difficultés à recruter et nécessite des compétences adaptées aux spécificités du territoire. L'enseignement est alors dispensé par des enseignants chercheurs et des professionnels des collectivités territoriales. Ce diplôme suit à l'instar de l'ordonnance du 26 mai 2021 une politique ciblée vers les populations en besoin de formation. Le diplôme est en effet destiné aux demandeurs d'emploi en reconversion professionnelle et aux étudiants en réorientation. Les mêmes institutions proposent une licence professionnelle « métiers de l'administration territoriale », ouverte à l'apprentissage. Les étudiants sont formés à l'encadrement intermédiaire au sein des services des collectivités territoriales les accueillant, dans l'objectif d'une intégration de l'étudiant à la fin de la formation. Le recours à l'apprentissage a les vertus et contraintes évoquées plus haut, à savoir l'immersion de l'apprenti et l'investissement de la collectivité dans sa future recrue.

Le recours à ces contrats de droit privé dans un but de formation assure l'équilibre entre approfondissement des connaissances théoriques, du fait de la partie universitaire, et développement des compétences pratiques, relevant de la partie professionnelle. Le Centre de gestion de la Gironde a par ailleurs adopté l'apprentissage dans le cadre de ses propres effectifs, accueillant deux apprentis au sein du service Juridique-Documentation. L'objectif de ces recrutements est, lui aussi, centré sur la formation. L'atout de l'apprentissage réside surtout, d'un côté, dans le financement du CNFPT rendant la formule viable budgétairement, et d'un autre côté, dans l'encadrement universitaire et professionnel garantissant une qualité de la formation qu'un stage ne saurait atteindre aussi facilement.

La recherche de profils compétents pour garnir les rangs de la fonction publique territoriale se manifeste par ailleurs au travers de la formation au métier de secrétaire de mairie, en partenariat avec le CNFPT, Pôle Emploi et la région Nouvelle-Aquitaine. La formation théorique est assurée par le CNFPT dans son antenne de Bordeaux, et la formation pratique passe par un stage en collectivité. La formation s'adresse à tout public détenteur du baccalauréat et a vocation à pallier le réel manque de secrétaires de mairie. La 10ème édition du panorama de l'emploi territorial place en première place des difficultés de recrutement l'emploi de secrétaire de mairie. Ces difficultés font l'objet d'une recommandation dans le rapport sur l'attractivité de la fonction publique territoriale[178]. Outre la formation pour le

---

[178] *Rapport sur l'attractivité de la fonction publique territoriale*, prec., p. 41.

recrutement, le CDG 33 promeut la formation des agents en poste.

Le Service Juridique-Documentation a eu l'occasion de proposer deux formations internes cette année. La première a concerné l'arrivée du Code général de la fonction publique. Plusieurs séances d'information et de présentation de la codification ont eu lieu par visioconférence. La codification a été présentée, l'utilisation des tables de concordance entre les anciennes et nouvelles dispositions a fait l'objet de démonstrations, et le site Légifrance et sa navigation ont été présentés. L'ensemble des agents de l'établissement a ainsi reçu les bases nécessaires pour aborder ce changement majeur de leur principal outil de travail, les lois statutaires. Le Service Juridique-Documentation est resté disponible par la suite pour aider les services à modifier leurs modèles d'actes.

La seconde formation a porté, sur demande de l'un des services, sur la lecture des textes juridiques. Plus intimiste, la formation dispensée au service Paie encore en cours est plus approfondie et personnalisée. Une première session a porté en juillet sur les notions de base du droit, telles que la hiérarchie des normes, l'application de la loi dans le temps, ou tout autre élément utile à l'activité concrète du service. Des exercices pratiques ont ponctué la formation afin d'investir les agents dans leur propre formation. La formation continue fin 2022 sur la recherche des textes juridiques et leur analyse. Cette formation a une dimension double, le Service Juridique-Documentation se formant en même temps. La partie juridique du service élabore et présente les thèmes de recherche documentaire, tandis que la partie documentaire du service a orchestré la séance relative à la présentation des fondamentaux du droit.

La formation prend en conclusion des formes diverses, dont certaines empruntent beaucoup aux dispositifs de droit privé. Aux côtés de la mobilité, elle contribue plus ou moins directement à l'attractivité des carrières publiques. Ces deux paramètres de la carrière attirent les travailleurs soucieux de suivre une carrière stimulante. La mobilité et la formation tendent de plus à améliorer la performance globale de la fonction publique.

Section 2
La performance, une valorisation dangereuse du travail public

La valorisation du travail, et notamment du travail efficace, n'est pas un trait caractéristique de la fonction publique territoriale. Reposant souvent sur une prime liée à la productivité du travailleur, la valorisation du travail selon le même mécanisme ne semble pas opportune à introduire dans le secteur public. L'appréciation de la performance dans un service public est délicate (Paragraphe 1), et l'effet de sa valorisation est incertain (Paragraphe 2).

Paragraphe 1 : Une performance difficilement appréciable

« Mon père était fonctionnaire, et ma mère ne travaillait pas non plus », s'amusait Coluche. Derrière la satire, une image persistante est gravée dans l'imaginaire collectif, celle d'un monstre d'inefficacité plombé par ses lourdeurs administratives et son management désuet. Il n'en fallait pas moins pour inciter le législateur à trouver un nouveau modèle, réputé performant par nature, à calquer sur la fonction publique. Le mode d'emploi fourni commence par une évaluation de la performance. Son introduction dans la fonction publique par le biais de la notation a été source de désillusions (A). Le remplacement de la notation par l'entretien ne fait pas plus rêver (B).

A) Les désillusions de la notation de la performance

La démarche de performance moderne tire directement son application à la fonction publique du monde de l'entreprise. Dans ce milieu, l'évaluation de la performance et sa valorisation sont des éléments centraux de la rentabilité et de la motivation du travailleur à se dépasser. L'introduction de la performance dans la fonction publique n'est toutefois pas datée du développement du New Public Management. La première pierre a été posée dès la rédaction du statut de 1946 de Maurice Thorez. Les articles 35 à 37 de ce statut[179] créaient à l'époque une prime de rendement, attribuée individuellement ou collectivement à qui s'était distingué par son efficacité remarquable. Trois critères alternatifs d'évaluation étaient posés, comme le dépassement de normes de rendements, l'accomplissement d'une tâche d'une particulière urgence ou difficulté, voire la réalisation d'économies ou l'augmentation de la productivité individuelle ou collective. Ce dispositif a rencontré peu de succès. La notion de performance a néanmoins fait partie du statut, au moins formellement, dès cette date sans qu'il puisse être reproché à son auteur tout penchant néolibéral.

La performance fait son retour dans la gestion publique au tournant de ce siècle, avec l'arrivée de la loi organique relative aux lois de finances du 1er août 2001[180], dont les premiers effets se sont manifestés à son entrée en vigueur au 1er janvier 2006. Cette loi, la « LOLF », favorise une vision budgétaire et comptable de l'action publique, et répond aux critiques d'imprévision des budgets, de l'explosion des dépenses publiques ou de la gestion hasardeuse des ressources humaines publiques. Les principes posés par la LOLF irriguent une bonne partie des réformes de l'administration, y compris dans la fonction publique au travers de la notion de performance. Expression

---

179 Loi n° 46-2294 du 19 octobre 1946 relative au statut général des fonctionnaires, prec.

180 Loi organique n° 2001-692 du 1er août 2001 relative aux lois de finances.

renouvelée tout droit sortie d'une véritable « grammaire lolfienne »[181], la performance s'est mal accordée avec la pratique des administrations.

L'évaluation de la performance est passée premièrement par une notation du fonctionnaire par son supérieur. La pratique de la notation a néanmoins été confrontée à une tradition égalitariste, se matérialisant par une notation égale et très élevée de tous les agents. La volonté de maintenir la paix sociale dans le service n'y est pas pour rien. La notation n'a donc pas permis de féliciter les agents exceptionnellement investis, ni de mettre les moins productifs face à leurs faiblesses. Accusé d'entretenir une « pente naturelle et paresseuse »[182], l'égalitarisme de la fonction publique conduit les gestionnaires publics à uniformiser et à augmenter les notes.

Toutefois, cette pratique est souvent présentée comme un phénomène omniprésent sans vraiment faire l'objet d'études. Une vérité aussi générale est ainsi rarement observée. Le Comité d'enquête sur les coûts et les rendements des services publics observait néanmoins en 2001 que « dans une administration centrale, 92 % des agents tous niveaux confondus, ont une note supérieure à 19 et 59 % ont une note égale à 20 »[183]. Le choix a été fait depuis, d'un autre mode d'évaluation.

---

[181] J-F. Boudet, « La grammaire lolfienne », RFDA 2015 p. 1215.
[182] M. Pochard, « Quel avenir pour la fonction publique ? », AJDA 2000 p. 3.
[183] Cité dans P. Clozet, « Fonction publique : de la lente mort de la notation à l'institutionnalisation de l'entretien professionnel », Annales des Mines – Gérer et comprendre, 2017/2 (n° 128), pp. 34-47.

B) L'arrivée sans fanfare de l'entretien professionnel

Errare humanum est, perseverare diabolicum. Le remplaçant de la notation à peine arrivé, les critiques ont fusé[184]. L'entretien professionnel est la nouvelle méthode d'évaluation de l'agent. Non plus basé sur une note de 0 à 20, l'entretien professionnel amène le supérieur à formuler une appréciation sur la qualité de servir de l'agent. L'entretien individuel ou entretien professionnel est issu d'une pratique des entreprises. Le monde du travail a rapidement sanctuarisé cette pratique, jugée rentable pour l'entreprise et bénéfique à l'investissement de l'agent, en mobilisant l'outil conventionnel. Un accord national interprofessionnel du 5 décembre 2003 impose à ce titre un entretien professionnel biannuel. La technique de l'entretien s'est par la suite exportée dans le secteur public. Expérimenté dans la fonction publique de l'État aux côtés de la notation[185], puis seul dans les trois fonctions publiques[186], l'entretien individuel remplace la notation de l'agent territorial depuis la loi MAPTAM du 27 janvier 2014[187] et un décret du 16 décembre 2014[188]. La loi TFP met fin à la saisine de principe de la CAP, pour ne conserver que les cas de saisine à l'initiative de l'agent, dans le but déjà évoqué de recentrer les missions de la CAP sur les cas les plus problématiques. Le CGFP reprend aujourd'hui les dispositions relatives à l'appréciation de la valeur

---

[184] D. Volut, « Le remplacement de la notation par l'entretien individuel : un coup d'épée dans l'eau ? », AJFP 2013 p. 307.

[185] Décret n° 2002-682 du 29 avril 2002 relatif aux conditions générales d'évaluation, de notation et d'avancement des fonctionnaires de l'Etat.

[186] Loi du 6 août 2009, prec.

[187] Article 69 de la loi n° 2014-58 du 27 janvier 2014 de modernisation de l'action publique territoriale et d'affirmation des métropoles.

[188] Décret n° 2014-1526 du 16 décembre 2014 relatif à l'appréciation de la valeur professionnelle des fonctionnaires territoriaux.

professionnelle, qui passe notamment par un entretien professionnel, aux articles L. 521-1 et suivants.

Les mêmes causes produisent les mêmes effets. C'est en tout cas ce qui ressort des commentaires sur le dispositif. Affecté des mêmes maux que la notation, l'entretien souffre de la grande liberté laissée aux gestionnaires dans l'évaluation de l'agent. Le remplacement d'une note chiffrée par une appréciation écrite ne remédie pas au problème de fond. À défaut de gonfler les notes, les managers publics peuvent embellir les commentaires. De la discrimination toute relative entre les 19 sur 20 et les 20 sur 20, l'évaluation passe à l'opposition fictive entre excellence et perfection. Que ce soit des chiffres, des lettres ou des gommettes, le support importe moins que le critère d'évaluation et la façon d'évaluer. Et sur ce plan, les réformes successives ont apporté de nombreuses précisions sur ce qui est attendu d'un bon agent public. Ces précisions sont toutefois absentes des dispositions relatives à l'entretien professionnel et se retrouvent au niveau des textes relatifs à la rémunération au mérite. L'outil juridique d'évaluation de la performance est alors changé sans que soient redéfinis les critères, ni même changée la pratique. À la complaisance du notateur se soustrait son équivalent littéraire : la loquacité de l'appréciateur.

L'évaluation de la performance repose aujourd'hui comme hier sur la bonne volonté des agents et des managers. Il leur revient de pratiquer ensemble une véritable analyse des mérites de l'agent afin de pratiquer, au sens propre et noble, une véritable discrimination. Cette démarche d'évaluation, qui n'a pour but propre que de déterminer les forces et faiblesses de chacun, est de nos jours de plus en plus éclipsée par les considérations touchant à la récompense de la performance. Des deux, la récompense de la performance ne semble pourtant pas la donnée la plus utile à l'amélioration de l'efficience de la fonction publique territoriale.

Paragraphe 2 : Une amélioration incertaine de l'efficience de la fonction publique territoriale

Travailler plus pour gagner plus, c'est selon ce principe que la rémunération à la performance se justifie. La rémunération à la performance correspond aux avantages pécuniaires que tire le travailleur d'un labeur plus important. Ce mode de rémunération n'est pas de principe dans la fonction publique, laquelle fait prévaloir la rémunération à l'ancienneté. La motivation que tirent les agents publics de l'intrusion de la rémunération au mérite sur leur fiche de paie est à nuancer (A). L'amélioration de la performance du service public est dès lors victime de quelques impensés (B).

A) La motivation incertaine de l'agent

La valorisation du travail sur la base d'une prime à la production personnelle ou collective a pour but de favoriser la productivité d'un individu ou d'un service. L'utilisation d'une prime d'intéressement ou autre prime de résultat est souvent justifiée par la volonté de récompenser le travailleur efficient, c'est-à-dire produisant plus ou à moindre coût, et de motiver les autres à aller au-delà du strict minimum. Son introduction dans la fonction publique a pour but affiché d'augmenter l'efficience des agents, afin qu'ils fournissent contre récompense un meilleur service au public. Différents mécanismes juridiques ont vu le jour dans cette optique.

La prime d'intéressement à la performance collective a été introduite en 2011 pour l'État[189] et en 2012 pour la fonction publique territoriale[190]. Par délibération après avis du comité technique, futur comité social territorial, l'assemblée délibérante d'une collectivité territoriale peut ainsi prévoir l'octroi d'une prime d'intéressement à la performance collective dont elle détermine les conditions d'attribution. Des objectifs sont déterminés et des indicateurs permettant de mesurer leur accomplissement sont créés. Le montant de la prime est déterminé, avec un plafond annuel autrefois à 300 euros, remonté aujourd'hui à 600 euros par un décret du 28 novembre 2019[191]. Cette prime est attribuée à l'ensemble des agents du service, avec une proratisation pour les agents à temps partiel et potentiellement une exclusion pour les agents présentant une insuffisance caractérisée dans la manière de servir. La prime d'intéressement à la performance collective présente la particularité d'associer les agents entre eux à la progression de leur rémunération, sans pour autant distribuer aveuglément l'argent public.

La liberté de modulation de la prime laissée à la collectivité présente les mêmes accrocs que la libre détermination de la rémunération des agents contractuels

---

[189] Décret n° 2011-1038 du 29 août 2011 instituant une prime d'intéressement à la performance collective des services dans les administrations de l'Etat.

[190] Décret n° 2012-624 du 3 mai 2012 pris en application de l'article 88 de la loi n° 84-53 du 26 janvier 1984 portant dispositions statutaires relatives à la fonction publique territoriale et fixant les modalités et les limites de la prime d'intéressement à la performance collective des services dans les collectivités territoriales et leurs établissements publics.

[191] Décret n° 2019-1262 du 28 novembre 2019 modifiant le plafond annuel de la prime d'intéressement à la performance collective des services dans les collectivités territoriales et leurs établissements publics.

étudiée plus haut. Il est à craindre une différence dans les pratiques de la prime, selon la culture et les choix politiques des assemblées locales, mais surtout dans la faculté des collectivités les plus modestes de s'aligner sur leurs voisines plus fortunées. De plus, les montants maximums restent relativement bas, allant jusqu'à 50 euros par mois. Un gain à n'en pas douter, mais un gain peut-être trop bas par rapport à l'investissement des agents pour se dépasser.

Une autre prime peut être mentionnée pour l'histoire, et une dernière pour la postérité. La prime de fonction et de résultat est créée par le décret de 22 décembre 2008[192], dans le but de favoriser la performance individuelle. Complété par divers arrêtés ministériels, ce décret instaure un mécanisme de modulation dépendant de l'efficience de l'agent, l'assemblée locale ne fixant cette fois-ci que les plafonds. L'autorité territoriale a alors la main pour fixer individuellement le montant que reçoit chaque agent. Cette prime a été remplacée comme beaucoup d'autres par le régime indemnitaire tenant compte des fonctions, des sujétions, de l'expertise et de l'engagement professionnel par le décret du 20 mai 2014 pour la fonction publique de l'État. Une myriade d'arrêtés pose les équivalences entre corps et cadre d'emploi afin de le rendre applicable à la fonction publique territoriale. Composé de deux primes, l'indemnité de fonctions, de sujétions et d'expertise (IFSE) et le complément indemnitaire annuel (CIA), ce régime indemnitaire prend pour partie en compte l'investissement personnel de l'agent. Le CIA est distribué selon la manière de servir et l'engagement professionnel de l'agent, et ce, pour des montants non négligeables.

[192] Décret n° 2008-1533 du 22 décembre 2008 relatif à la prime de fonctions et de résultats.

L'outil en lui-même est toutefois moins intéressant que sa pratique. En premier lieu, des études ont démontré un désintérêt des agents publics pour la rémunération au mérite en termes de motivation, comme celle de l'OCDE[193]. Ne s'engageant pas dans la fonction publique à la recherche d'un salaire élevé, l'agent public est plus imperméable à la motivation par la rémunération. Les conditions de travail, le sens du devoir accompli, l'utilité à la communauté et la reconnaissance sont des éléments auxquels les agents publics sont plus sensibles. D'autres récompenses peuvent ainsi être favorisées comme la progression de carrière par l'avancement accéléré ou la reconnaissance du travail, sans pour autant en arriver à une simple tape dans le dos. En second lieu, la motivation par la performance a un effet pervers. L'absence de reconnaissance de la performance, par erreur ou par volonté de pousser l'agent plus loin, engendre un risque de rupture, de perte de confiance, de découragement et ultimement de baisse de la performance. À trop présenter la rémunération au mérite comme un dû pour l'agent compétent, l'agent qui ne reçoit pas ne s'estime pas devoir être performant. La réalité de ces considérations générales est néanmoins à nuancer. La pratique des managers publics de la rémunération au mérite fait apparaître toute une collection de cas d'espèce, entre laxisme et management trop autoritaire, entre engouement et désaffection pour ces primes si exotiques au service public.

193 OCDE (2006), La rémunération liée aux performances dans l'administration, Éditions OCDE, Paris.

B) Les impensés de la performance dans le service public

L'introduction de la performance dans les services publics est confrontée *in fine* à l'essence même du service public. À vouloir calquer un modèle privatiste pour s'en attribuer les vertus sans les adaptations nécessaires, la fonction publique en récupère les défauts.

Les outils d'évaluation et de récompense de la performance sont basés sur un modèle entrepreneurial de production, qui ne correspond pas à un service public de qualité et ne prend pas en compte les particularités des missions de service public. La quantification de la production de certains services peut s'avérer complexe, voire dangereuse.

D'une part, les tâches administratives ou celles ne faisant intervenir aucun élément quantitatif se prêtent mal à cette évaluation. L'appréciation de la qualité d'un service est éminemment subjective et la satisfaction des usagers n'est pas toujours un indicateur fiable. La répression des fraudes ou les services des impôts font rarement un questionnaire de satisfaction des individus contrôlés. Sur le plan quantitatif, la production intempestive et torrentielle de normes juridiques ne satisfait pas l'objectif constitutionnel d'intelligibilité du droit, et participe au phénomène bien connu de l'inflation législative. D'autre part, les politiques de prévention et de réduction du besoin en service public ne s'insèrent pas correctement dans la logique de production croissante. Les indicateurs numériques sont trompeurs sans connaissance du terrain. Qui peut interpréter objectivement le nombre de réparations effectuées par un service technique ? Un nombre important d'interventions peut signifier un service réactif et disponible, tout comme une incapacité à résoudre définitivement les problèmes.

L'ensemble de ces éléments invite à considérer la qualité du service avant sa quantité. Or, la question de la performance et de sa récompense fait naître le risque de motiver les agents à optimiser la perception de la prime au détriment de la qualité du service. Il est des situations dans lesquelles l'intérêt général amène à écarter l'intervention du service public afin de laisser prospérer l'initiative privée. La mise en place d'une prime d'intéressement mal articulée rendrait ce retrait du secteur public peu enviable pour les agents publics auxquels serait ordonné à bon droit de ralentir leur activité. Dans ces cas, qui fait le moins fait le mieux. Or, le ralentissement de l'activité, sorte de décroissance, ne correspond pas à la pratique des entreprises dont s'inspirent les dispositifs de performance.

Pour rester sur le service public, son organisation nécessite, elle aussi, d'être prise en compte. Les primes à la performance doivent à ce titre être adaptées à l'organisation des services et à la répartition du travail entre agents ou services afin de satisfaire au principe d'égalité. Dans un même service, la charge de travail peut être répartie selon les compétences et spécialités de chacun, certains agents recevant des tâches plus ardues, mais moins nombreuses que leurs collègues et inversement. La différence de résultat quantitative comme qualitative n'est pas liée ici à une productivité personnelle, mais à une répartition particulière du travail. De même, la production d'un service dépend de sa sollicitation, qui peut varier pour des raisons conjoncturelles ou politiques. Pour ces raisons, la prime d'intéressement ou de productivité varie parfois en pratique indépendamment de la productivité de l'agent.

La question se pose dans le Service Juridique-Documentation de la pertinence de rapporter le nombre d'analyses juridiques et de mémoires contentieux rédigés. Les formations mises en place par le service visent notamment à donner aux services du Centre de gestion de la Gironde les clés pour résoudre les problèmes juridiques simples de manière autonome. Les divers actions et suivis auprès des services ont vocation à sécuriser juridiquement les projets de l'établissement, évitant ainsi bien des contentieux.

Conclusion

L'opportunité du recours aux mécanismes de droit privé ou inspirés des méthodes du secteur privé se doit d'être mûrement réfléchie. Les instruments juridiques naissant de ce mélange des droits apportent chacun leurs éventails de solutions et leurs lots de problèmes. L'identification des sources réelles des maux de la fonction publique est tout aussi importante que la connaissance de ses remèdes propres. Pour ce faire, se remémorer le but premier du service public est nécessaire, tant il diffère de celui de l'entreprise. Les principes fondamentaux du service public ne sauraient, à l'évidence, être sacrifiés sur l'autel de l'uniformisation par des parallèles faciles, aux conséquences difficiles à prévoir. C'est ainsi que le droit privé introduit dans la fonction publique met à mal, sur bien des points, l'égalité sur laquelle est fondé le service public. Pour autant, la lente transformation du droit de la fonction publique est ponctuellement un mal pour un bien.

Les outils fournis par le droit privé ont leur utilité, dès lors qu'ils sont utilisés avec parcimonie. Quand un modèle arrive à expiration, il est naturel de s'inspirer d'un autre pour lui redonner un second souffle. Du contrat à la convention, en passant par la réforme des instances de gestion de la fonction publique, le droit privé a insufflé une nouvelle dynamique dans la production du droit de la fonction publique. Plus négocié, moins autoritaire, le droit de la fonction publique en perd ce brin d'iniquité qui a paradoxalement participé à la fluidité de ses changements, imposés sans résistance possible.

À l'instar du droit privé, et quelque peu sous son influence, le droit de la fonction publique prête de plus en plus attention à la qualité du travail public. Que ce soit par mimétisme du droit privé, ou appropriation des méthodes des organisations privées, l'administration française se dote de multiples instruments juridiques et techniques afin de garantir l'épanouissement de l'agent. Avec toujours en tête, pour des résultats plus ou moins satisfaisant, l'idée d'améliorer la qualité du service rendu.

Dans tous ces domaines, les centres de gestion ont leur rôle à jouer. Vieux partenaires de confiance des collectivités territoriales, ils alimentent le débat sur l'opportunité, conseillent sur la manière, et accompagnent les employeurs publics dans leur volonté de recourir à bon escient aux techniques de droit privé dans la fonction publique territoriale.

Bibliographie

Jurisprudence

Constitutionnelle

Conseil constitutionnel, 20 janvier 1984, *Loi portant dispositions statutaires relatives à la fonction publique territoriale*, n° 83-168

Internationale

CJCE, 3 juillet 1986, Aff. 66/85, *Lawrie-Blum*

CJCE, 17 décembre 1980, Aff. C-149/79, *Commission c/ Belgique*

CEDH, 8 décembre 1999, *Pellegrin*, n° 28541/95

Administrative

CE, 17 juin 1932, *Ville de Castelnaudary*, n° 12045

CE, 22 octobre 1937, *Demoiselle Minaire et autres*, n° 41038 à 41061

CE, 14 juin 1967, *Belleudy*, n° 69062

CE, ass., 8 juin 1973, *Dame Peynet*, n° 80232

CE, sect., 23 avril 1982, *Ville de Toulouse c/ Aragnou*, n° 36851

CE, Ass., 20 mars 1985, *Association nationale des infirmières générales et autres*, n° 41405

CE, 23 décembre 1987, *Fédération des services départementaux et régionaux CGT-FO*, n° 79958

CE, 15 janvier 1997, *Préfet du Nord*, n° 152937

CE, 1er février 1999, *Association syndicale des contractuels du ministère de l'industrie*, n° 197516

CE, Ass., 10 juillet 2002, *Fédération CFDT Interco*, n° 230034

CE, 23 décembre 2011, *Danthony*, n° 335033

CE, 30 mai 2012, n° 343039

CE, 29 avril 2014, n° 355671

CE, 9 juillet 2015, *Football club des Girondins de Bordeaux*, n° 375542

CAA Nancy, 1er février 2007, n° 06NC00485

CAA Lyon, 18 avril 2017, n° LY04066

Judiciaire

Cour de cassation, ch. Soc., 22 juillet 1954, Bull. 1954, V, n° 576

Cour de cassation, 26 mars 2014, n° 12-25.455

Cour de cassation, Ch. Soc., 2 octobre 2019, n° 18-20.353

Ouvrages

J-L Bodiguel, « Fonction publique et intérêt général », *Servir l'intérêt général*, PUF, 2000

J-L. Crozafon, thèse, *L'emprunt de techniques de droit administratif par le droit du travail*, sous la direction de G.Lyon-Caen, 1984, Université de Paris 1 Panthéon-Sorbonne.

J-L. Crozafon, *Le contrôle juridictionnel de la sanction disciplinaire dans l'entreprise et dans l'administration*, Dr. soc. 1985

J. Carbonnier, *Flexible Droit*, 10e éd, LGDJ, 2001

J-C Douence (dir.), *Encyclopédie des collectivités territoriales*, Dalloz, 2022

J. Siwek-Puydesseau, « Les syndicats et le statut des fonctionnaires », *Serviteurs de l'État*, La Découverte, coll. « Espace de l'histoire », 2000

F. Melleray, *Droit de la fonction publique*, Economica, 5e édition, 2020

<u>Etudes et rapports</u>

Association des administrateurs territoriaux de France, *Rapport sur l'accès des femmes aux postes de direction générale dans les grandes collectivités locales*, 8 mars 2011.

Conseil D'État, Rapport annuel du Conseil d'État, *Perspectives pour la fonction publique – Rapport public 2003*, 2003

H. Decorne, *Accueil des jeunes enfants, un fort recours aux assistants maternels*, INSEE Flash Poitou-Charentes, 2015, INSEE

DGAFP, *Rapport annuel sur l'état de la fonction publique*, édition 2016

DGAFP, *Rapport annuel sur l'état de la fonction publique*, édition 2019

DGAFP, *Rapport annuel sur l'état de la fonction publique*, édition 2020

DGAFP, *Bilan 2013 du dispositif des nominations équilibrées*, 2013

DGAFP, *Bilan 2019 du dispositif des nominations équilibrées*, 2019

M. Gollac et M. Bodier, *Rapport du Collège d'expertise sur le suivi des risques psychosociaux au travail, faisant suite à la demande du Ministre du travail, de l'emploi et de la santé*, 11 avril 2011, Ministère du Travail, de l'Emploi et de la Santé

Inspection générale de l'Administration, Inspection générale de l'Administration de l'Éducation nationale et de la Recherche, Inspection générale des Affaires sociales, Inspection générale des Finances, *Rapport sur l'évaluation du dispositif des instances médicales de la fonction publique*, mars 2017

H. Lachmann, C. Larose, M. Pénicaud, *Rapport sur le bien-être et l'efficacité au travail*, février 2010, Premier Ministre

P. Laurent, C. Desforges et M. Icard, *Rapport sur l'attractivité de la fonction publique territoriale*, janvier 2022, Inspection générale de l'Administration, CNFPT

J.-M. Lemoyne de Forges, rapport au ministre de la Fonction publique, *L'adaptation de la fonction publique française au droit communautaire*, 2003, coll. Thèmes et Commentaires, Dalloz

B. Pêcheur, *Rapport sur la fonction publique*, 29 octobre 2013, Conseil d'État

OCDE (2006), *La rémunération liée aux performances dans l'administration*, Éditions OCDE, Paris.

P. Nasse et P. Légeron, *Rapport sur la détermination, la mesure et le suivi des risques psychosociaux au travail*, 12 mars 2008, Ministère du Travail, des Relations sociales et de la Solidarité

Articles

E. Aubin, « Le contrat, avenir de la fonction publique ? », AJDA 2019 p. 2349.

N. Balat, « L'ubérisation et Les faux-courtiers – ou les plateformes numériques rattrapées par le droit des contrats », Rec. Dalloz 2021 p. 646.

J-F. Boudet, « La grammaire lolfienne », RFDA 2015 p. 1215.

J-P Didier, « Hygiène, sécurité du travail et médecine professionnelle dans la fonction publique territoriale : adaptation et non simple transposition des règles issues du droit du travail », JCP Adm. 2012, n° 9, 5 mars 2012.

F-X. Fort, « Négociation collective dans la fonction publique – Année 0 », Droit social 2021 p. 649.

Y. Gaudemet, « Existe-t-il une « catégorie » d'agents publics contractuels de l'administration ? », AJDA 1977 p. 614.

A. de Laubadère, « Administration et contrat », in Mélanges offerts à Jean Brethe de la Gressaye, Bière, 1967, p. 453.

J.-M. Lemoyne de Forges, « Quelle influence communautaire sur l'avenir du modèle français de fonction publique », RFAP n° 132, 2010, pp. 701-710.

F. Melleray, « Nouvelle illustration de la situation « quasi réglementaire » des agents publics contractuels », Dr. adm. 2009, n° 41.

S. Niquège, « Les nouveaux habits du dialogue social », RFDA 2020 p. 276.

J-M. Pontier, « Le droit administratif et la complexité », AJDA 2000 p. 187.

M. Pochard, « Quel avenir pour la fonction publique ? », AJDA 2000 p. 3.

S. Quinton-Fantoni et M. Caron, « Santé au travail : l'influence du secteur privé sur la fonction publique territoriale », Revue de Droit sanitaire et social 2013, p. 83.

A. Taillefait, « La situation légale et réglementaire des fonctionnaires prend l'eau ! », AJDA 2021 p. 1026.

P. Renard, « Le « statut » dérogatoire et contesté des assistantes maternelles », AJFP 1999 p. 46.

M. Sweeney, « Transplantation du contrat de projet ou d'opération dans les fonctions publiques : point de vue d'un travailliste », Dalloz, Dr. Soc. 2020 p. 202.

D. Volut, « Le remplacement de la notation par l'entretien individuel : un coup d'épée dans l'eau ? », AJFP 2013 p. 307.

Mémoire

M. Jan, *L'égalité professionnelle dans la fonction publique territoriale – L'exemple de la Région Nouvelle-Aquitaine*, Mémoire de l'université de Bordeaux, 2019

Table des matières

Structures éditoriales du groupe L'Harmattan

L'Harmattan Italie
Via degli Artisti, 15
10124 Torino
harmattan.italia@gmail.com

L'Harmattan Hongrie
Kossuth l. u. 14-16.
1053 Budapest
harmattan@harmattan.hu

L'Harmattan Sénégal
10 VDN en face Mermoz
BP 45034 Dakar-Fann
senharmattan@gmail.com

L'Harmattan Cameroun
TSINGA/FECAFOOT
BP 11486 Yaoundé
inkoukam@gmail.com

L'Harmattan Burkina Faso
Achille Somé – tengnule@hotmail.fr

L'Harmattan Guinée
Almamya, rue KA 028 OKB Agency
BP 3470 Conakry
harmattanguinee@yahoo.fr

L'Harmattan RDC
185, avenue Nyangwe
Commune de Lingwala – Kinshasa
matangilamusadila@yahoo.fr

L'Harmattan Congo
219, avenue Nelson Mandela
BP 2874 Brazzaville
harmattan.congo@yahoo.fr

L'Harmattan Mali
ACI 2000 - Immeuble Mgr Jean Marie Cisse
Bureau 10
BP 145 Bamako-Mali
mali@harmattan.fr

L'Harmattan Togo
Djidjole – Lomé
Maison Amela
face EPP BATOME
ddamela@aol.com

L'Harmattan Côte d'Ivoire
Résidence Karl – Cité des Arts
Abidjan-Cocody
03 BP 1588 Abidjan
espace_harmattan.ci@hotmail.fr

Nos librairies en France

Librairie internationale
16, rue des Écoles
75005 Paris
librairie.internationale@harmattan.fr
01 40 46 79 11
www.librairieharmattan.com

Librairie des savoirs
21, rue des Écoles
75005 Paris
librairie.sh@harmattan.fr
01 46 34 13 71
www.librairieharmattansh.com

Librairie Le Lucernaire
53, rue Notre-Dame-des-Champs
75006 Paris
librairie@lucernaire.fr
01 42 22 67 13

www.ingramcontent.com/pod-product-compliance
Lightning Source LLC
LaVergne TN
LVHW021219061026
849535LV00008B/2812
* 9 7 8 2 3 3 6 4 1 6 3 8 0 *